JN298895

精神分析体験：ビオンの宇宙

対象関係論を学ぶ　立志篇

松木　邦裕　著

岩崎学術出版社

みずからは得られなかったにもかかわらず，私たち子どもには愛情を限りなく注いでくれた亡母に本書を捧げます

	定義的仮説 Definitory Hypotheses 1	φ psi 2	表記 Notation 3	注意 Attention 4	問い Inquiry 5	行為 Actio 6	….n
A β要素 Beta-elements	A1	A2				A6	
B α要素 Alpha-elements	B1	B2	B3	B4	B5	B6	…Bn
C 夢思考・ 夢・神話 Dream Thoughts Dreams, Myths	C1	C2	C3	C4	C5	C6	…Cn
D 前概念 Pre-conception	D1	D2	D3	D4	D5	D6	….Dn
E 概念 Conception	E1	E2	E3	E4	E5	E6	….En
F コンセプト Concept	F1	F2	F3	F4	F5	F6	….Fn
G 科学的演繹体系 Scientific Deductive System		G2					
H 代数計算式 Algebraic Calculus							

はじめに，あるいは迷い猫のブルーズ
―――長めのまえがき

　我が家にはよく似た2匹の三毛猫がいます。その似具合から，近所の方にはこの2匹が識別できないようです。どちらも捨て猫でしたが，我が家の住猫になりました。1匹は「ミイ」といい，16歳ほどになります。人間で言うなら70歳台です。とても人懐こくて知らない人にも擦り寄っていく穏やかな雌猫です。もう1匹の雌猫は「うずら」といい，4歳ほどです。これから書くのは，うずらについてです。

　4年ほど前の，梅雨明けも近づき暑くなってきた頃のことです。夜遅く自宅に帰りついて車庫に自転車を止めていた私は，とてもかぼそい子猫の鳴き声を聴いたように感じました。そのときは空耳かもしれないと思って，そのまま家の中に入りました。ところが翌朝，すこし雨が降っていましたが，やはり子猫のかぼそい鳴き声を聴きました。
　その日の夜，私は家人に「子猫の声がするね」と話しました。すると家人は，たしかに子猫がこの辺りに迷い込んできているようだと言います。声のするところへ近づくと怖がって瞬く間に逃げるのでちらりと見ただけだが，まだとても小さくてものすごくやせている三毛の子猫のようだったと言います。私の家の横も前も，やや広い空き地で雑草もけっこう生い茂っているので，そこいらに隠れるともうわからなくなります。
　ほかに子猫はいないようで，この1匹しか見かけませんし，いったいどこから迷ってきたのだろうと話し合いました。とてもお腹を空かしているようだ。あの逃げ足の俊敏さは野良猫のものだろう，と家人は言います。高校生の娘に言うと，かわいそうだから家で飼おうと言うにちがいないので，まだ話していないとも言いました。
　そしてその次の日の夜，ものすごくちっちゃな子猫の野良猫がこのあた

りに迷い込んでいることが家族の話題になりました。娘も鳴き声を聴き，姿をちょっとだけ見たとのことでした。三毛猫であることも確認されました。ひどくやせていてかわいそうなので，キャットフードを持っていっても逃げて出てこないし，まったく人の気配がなくなったときにようやく出てきて，車庫に置いていたえさを食べては素早く逃げてしまうとのことです。とても幼そうなのに，その逃げ足のあまりの素早さと用心深さに皆驚いていました。ミイと対照的に，とても怖がりで用心深いのは，まだ短いはずの野良猫生活でよっぽどひどい目に会ったのだろうと皆で思いました。それはかわいそうだ。我が家のミイも年老いてきたので，天の采配でよく似た次の三毛猫が新たにあてがわれたのかもしれないということにもなりました。

　それでは，その野良子猫を飼おうということになりました。名前はすぐに決まりました。「うずら」です。これは娘が次に猫を飼うなら，「うずら」にするとずいぶん前から決めていたのです。ここにおいて，ビオン流に言うなら，以前からあった「うずら」という空の概念／前概念が，カントの言う empty thought が，この子猫という実体と出会い，現実化したのです。あるいは，未飽和な考えが飽和されたのです。

　私たちははじめ，我が家にはミイがすでにいるから，ミイが内猫で，うずらは野良だからそのまま外猫にしようと考えました。しかし，そこで考えなければならないことに行き当たりました。それは三毛であるとの事実から，うずらは間違いなく雌猫であること，そうであれば大きくなったときにどんどん子どもを作って野良猫が増えるなら，近所の方たちには迷惑がる人も少なくないだろうとのことでした。猫の在り方に人間社会の関係性が不可避に介入してきたのです。この地域に居住する集団において，Ps（パラノイド—スキゾイド）から破局に至ることの可能性です。それなら，このうずらをとにかく飼いならして避妊手術を受けさせておけば，あとは好きにさせてよいと，つまり一度懐(なつ)かせようという結論に行き着きました。

　そこで私たちは，えさで釣る作戦を展開することにしました。ところが敵も然るもの（敵ではありませんが，同じくビオンも，アナライザンドを戦争時の敵対者にたとえることがありました），うずらは大変用心深く，やはり人の気配が感じられると決して出てきません。人を見るか見ないか

で一目散に逃げます。ただ，食べ物がこの家の車庫には置いてあるとは認識しました。誰も見ていない間に，ペロリと食べていました。

　ことの進展のためには次の手立てが必要です。ちょうど車庫の後ろに，使っていない物置同然になっているプレハブの6畳サイズの小屋がありましたので，そこに誘き入れて閉じ込めようということになりました。その限られた空間でのふれあいで，うずらに人の愛情への信頼を作ることをめざしました。このとき私には，愛情剥奪を体験したパーソナリティ病理の深い人たち，たとえば反社会，境界性といったパーソナリティ障害の閉鎖病棟での入院治療が対応モデルとして念頭にありました。

　えさ入れを徐々に移動して，小屋の中に移しました。このちっちゃなうずらがいかに用心深かったかのエピソードがあります。小屋の入り口にえさ入れを移したとき，うずらは小さいやせた身体をいっぱいに伸ばして，後ろ足は小屋の外に出してキャットフードを食べていたのでした。しかしながら，えさ入れをさらに中のほうに移し，うずらがもくもくとえさを食べている間に娘が小屋にそっと近づき，後ろから扉をさっと閉めてうずらを収監することに成功しました。

　仰天したうずらは，小屋の中に雑然と置かれている物陰の奥に懸命に隠れます。私たちがやさしく声かけしながら近づこうとすると，急いでもっと奥に隠れようとしながら，フーッと唸り，私たちを威嚇します。生死をかけた必死な様子が伝わってきます。そして，この猫がいかにちっぽけな子猫でやせているかが改めてよくわかりました。

　数日様子をみながら近づいてみますが，このように隠れてしまって，なかなか懐いてくれそうにない様子でした。この頃はもはや真夏の暑さになっていましたが，窓を開けたらそこから逃げてしまうのは一目瞭然です。しかし栄養失調がかなりひどい子猫ですから，締め切った，おそらく40度を越えてしまう高温度の室内に置いておくのは脱水と消耗でよくないと考え，備えられていた空調を作動させ居心地をよくすることにしました。そんなこちらの配慮はうずらにはもちろんわかりませんから，いくら親しげに声をかけても，私たちには逃げるか威嚇するかで，怖ろしい敵としてしか見られません。

　このため，次の手を私は考えました。それは精神科病棟の隔離室治療を

モデルにしたものでした。重篤な摂食障害やパーソナリティ障害の治療に活用した，行動の厳格な規制と濃厚な関係作りモデルです。ある程度の大きさのケージを買ってきて，小屋の中に置き，そこにうずらを入れて，お互いが見合えて触れあえる関係を作って安心させようとするものです。より構造化された設定でうずらのパーソナリティの迫害に敏感な部分（人で言うなら「精神病部分」）に触れ続ける試みです。

私はこの週の休日にさっそく金属ケージを買ってきて組み立て，小屋内のうずら捕獲作戦に移りました。うずらは必死で逃げフーッと声をあげ全身で威嚇しますが，厚手の手袋と長袖で備えて突進していく私に捕まってしまい，ケージに入れられてしまいました。もちろん，そこでも必死で抜け出そうとします。

よし，これで懐かせる態勢は整ったと私はひとまず安堵しました。ところがそうはならなかったのです。それから数時間後には，うずらはケージを見事に脱出していました。あまりにやせていたので，檻の間を通り抜けたのです。またすみに隠れてしまって，どんなに呼びかけても人のいないときに餌を食べる以外は出てきません。私にとって困ったことに，治療構造を考え直さないといけなくなりました。臨床場面でよくあるように，思っていたより遙かに難しい局面への対応を強いられてきました。

ところが，思いがけない展開が突然起こってきました。

その翌々日のことです。午前中急にうずらが鳴き始めたのを家人が耳にして，小屋に行ったところ，普段うずらは物陰にしっかりと身を潜めているのに，このときは表に姿を現し，悲痛な声で鳴いてきたのです。

家人がこれは一体どうしたことかと，うずらをしかと見たところ，右の前足がブランと垂れています。骨が折れたのです。あまりに痛くてたまらないのでしょう。この言いようのない破滅の恐怖に圧倒された破局状況をコンテインする対象を求めて鳴いていたのです。いや，泣いていたというべきでしょう。うずらは苦痛を排出／具体的な投影同一化しており，コンテイニング対象を探していたのです。

家人は，泣きながら職場の私に電話を入れてきて，どうしようと言いました。私はすぐに獣医に連れて行くように伝えました。すでにミイを飼っていたので，私たちは名医を知っていました。そこでうずらは前足の骨折

の処置を受けました。その獣医に，野良猫生活での栄養不良で骨が折れやすくなっていたこと，この時点で生後3週前後だろうこと，この猫の親猫は飼い猫が野良猫になった猫だろうことを教えてもらいました。つまりうずらは，野良猫二世です。根っからの野良猫の子が野良猫になっている場合は人になつくことはないとのことです。

　右前足に包帯を巻いたうずらをどうしようかということになりました。強烈な痛みと不自由さでおとなしくなっていました。そのとき家人は，こんな姿のちっちゃなうずらをひとりで小屋には置いておくのはあまりにかわいそうなので，これから自分の部屋で一緒に過ごし世話することにすると言い，それからその部屋でひとりと1匹がほとんどいつも一緒に過ごす生活が始まり，続きました。うずらは温かく世話されました。それは，まさにもの想う母親と赤ん坊との濃厚な愛情の交わりでした。そうしたところ，うずらは徐々にその部屋にも家人にも慣れていき，ついには顔をすり寄せたり家人の膝の上に載るようになったのでした。

　私や娘がその部屋に行くと最初はその物音だけで飛び上がるようにして，さっと部屋のすみに姿を隠していましたが，段々それもなくなりました。私はうずらのこの変化から，愛情あるかかわりのかけがえのない貴重さをあらためて認識することになりました。

　うずらは回復しました。脚を引きずることはまったくなくなりました。やがて彼女は持ち前の好奇心を存分に発揮し始め，その部屋から出かけて家の中をあちこちとこまめに探索するようになりました。こうしてうずらは，我が家を彼女の棲み家にしたのでした。今や，まるまると太って。

*

　本書は3部の構成になっています。ただこの分割は便宜上のものであって，実際には連続かつ重複するものです。また私自身が，読者により十分に理解してもらいたいと願い，重複をいとわず記述しました。ですから，主題や概念によっては何度も顔を出してきます。それでも第1部は，内的体験と表題して，おもに個人のこころの中に起こっていることの理解に焦点をあてています。当然ながら，精神分析学は個人のこころを理解しようとする学問ですから，まずそこを深めていきます。ただ私たちのこころの

世界である無意識的空想は，私たちの外界に置かれていること，すなわち私たちは私たちの世界観を通して見ている外界という内的世界に棲んでいるとのビオンに学んだことも忘れてはなりません。

　また，個人のこころは対象との関係で築かれるものです。精神分析も，関係において働きかけをなそうとするものです。そこで第2部ではより直接に，関係性に注目しています。

　最後の第3部では，私たちが精神分析の臨床家であることについて見ていきます。その事実をどのように受け入れ，どのように実践するかは，私たちが精神分析に携わる以上，繰り返し考え続けるべき課題です。それを，ビオンの視点を参照にして見つめてみましょう。

　『対象関係論を学ぶ』は，ビオンの基本的な概念のひとつであるコンテイナー／コンテインドを紹介する章で終わりました。そこで本書は，そのコンテイナー／コンテインドから始まります。

目　次

はじめに，あるいは迷い猫のブルーズ——長めのまえがき　　i

第1部　内的体験
1. コンテイナー／コンテインド　　2
2. 破　局——破局の恐怖　　17
3. PsとD（妄想-分裂心性と抑うつ心性）　　25
4. 連続と中断　　30
5. 正と負——ポジティヴとネガティヴ　　36
6. パーソナリティの精神病部分と非精神病部分　　42
7. 考えることとグリッド　　56
8. エディプスと知　　81

第2部　精神分析での関係性
9. 言語による交わり——創造としての交わり　　92
10. Kリンク——経験から学ぶための関係性　　96
11. 母親と乳児の関係についてのモデル　　106
12. もの想い　　122
13. 共生，寄生，共存　　131
14. 変　形　　135
15. 視　点　　144

第3部　精神分析家であること
16. 知らないことにもちこたえること——負の能力　　157
17. 進　展；選択された事実，未飽和の考え，考える人のいない考え　　161
18. 記憶なく，欲望なく，理解なく　　168

19. 誠実な信頼　　*176*

20. 直感，あるいは，Oになること　　*182*

21. 解釈と達成の言語　　*188*

22. 神秘家（The Mystic）　　*198*

　　終章　ビオンに学べないこと　　*203*

おわりに――もうひとつの猫の物語　　*206*
付録1．ビオンの人生史　　*210*
付録2．ビオンの業績　　*211*
付録3．ビオン関連書　　*214*
引用文献　　*215*
索　引　　*218*
あとがき　　*229*

第1部
内的体験

「私は，簡単なケースに会ったこともなければ，聞いたこともありません」

(ブラジリア 1975)

1. コンテイナー／コンテインド

1. 含む・包む・contain

　含む，包むという意味を持つコンテイン contain は，ありふれた日常英語のひとつです。わが国でも荷物を船や列車で輸送するための金属の貨物箱を以前から「コンテナ」と呼んでいますが，contain の名詞であるコンテイナー container がそのまま日本語になったものです。

　この contain が精神分析で特別な意味をもつようになったのは，ビオンが精神分析での二者の交流の性質をコンテイナー／コンテインド container/contained（記号化したときは，♀／♂）として表現し始めたことに端を発します。そしてコンテイニング containing，コンテインメント containment という表現も使われました。

　一般的な心理療法や精神保健での二者関係では，治療者と患者／クライエントの交流は，援助するものと援助を受けるもの，支持者と被支持者，与えるものと受け取るものといった表現で受け止められていました。精神分析においても，分析家は患者／アナライザンドのこころの変化を助ける存在であり，患者という主体のこころの変化──たとえば，自我心理学の構造論では超自我，自我，エスの関係の変化──という一者心理学に基づく考え方にありました。この考え方では，分析家は'補助超自我'（Strachey,J.1934）になるというように，患者のこころに組み込まれるという理解がなされます。

　精神分析，とくに対象関係論の場合は，この援助関係の基底に母親と乳児の交流をオリジナルなモデルとして置いています。クライン，そしてフェアバーンは乳児の内的世界での交流，内的対象としての母親／乳房との交流を描き出しました。ここに，内的対象世界を想定する対象関係論が確立されました。

2. 新しい二者関係モデルとしてのコンテイナー／コンテインド

その後，クラインが確立した内的世界（すなわち，無意識の空想）を最重視する精神分析思考へのアンチテーゼを含んで，ウィニコットは外界の母親による乳児（と，乳児のこころ）のホールディングを強調しました。その考えは，'対象としての母親'に並置される，外界で具体的に抱えることもする'環境としての母親'という概念に明瞭に示されています。本来，クラインの内的母子交流とウィニコットが強調する外的母子交流は，相補的であって対立するものではないのでしょうが，歴史的には対立的に見られてきました。それはときとして，あたかも英国精神分析協会の独立分析家グループとクライン・グループの対立図式であるかのように見られました。

こうした情勢のもと，母子関係と精神分析関係の本質を抽出した具体性と象徴性を兼ね備え，かつ外界と内界を包括する二者の交流モデルの登場が，とりわけクライン派精神分析において，待たれていました。そこにコンテイナー／コンテインド・モデルが提示されたのでした。

ビオンによるコンテイナー／コンテインド・モデルの最初のオリジナルな記載は次のようです（「連結することへの攻撃」1959）。

> 「子どもがコンテインできないのは，この［死につつあるとの］恐怖［というコンテインド］だった。彼は，その恐怖が置かれているパーソナリティと一緒に，それを分裂排除し，母親［すなわち，コンテイナー］の中へ投影しようと懸命だった。理解のある母親は，おぞましい感情——赤ん坊が投影同一化によって処理しようと懸命になっているもの——を体験できるし，そうしながら均衡の取れた姿勢を保持できる。こうした感情に耐えられずに，それらが入ってくるのを拒否するか，乳幼児のその感情をとり入れた結果の不安の餌食になる反応を」する母親もいる。（［　］内は，松木の追加）

そして，この母子関係が帰納された精神分析関係は，以下のようなものでした。

「患者は，彼のパーソナリティ［という**コンテイナー**］には強烈過ぎてコンテインできないと感じられた死の恐怖［**コンテインド**］を，彼自身から取り除こうと懸命であった時に，恐怖を分裂排除し，それらを私［という**コンテイナー**］の中へと置き入れたが，その考えは明らかに，それらがそこに十分憩うことが許されるならば，それらは私の精神によって修正を受け，そして安全に再とり入れできるというものであった。」（［　］内は，松木の追加　参照：英国精神分析界では，精神分析を受けている人は，それが医療機関での分析ではなくても'患者'と呼称します。例としてケースメントの著書『患者から学ぶ』）

ここに見られるように，コンテイナーとコンテインドの関係では，この二者間で情緒による連接と浸透がなされます。平たく言えば，情緒が両者の結びつきに関与しているのです。この両者はその連接や浸透によって'成長'という変化を遂げます。すなわち，母親は赤ん坊との経験から利益を得て精神的に成長しますし，赤ん坊も利益を得て成長します。それは，のちに述べます'共存'の関係に，コンテイナーとコンテインドがあるときです。そして，コンテイナー／コンテインドの持つダイナミクスは，"排出⇆とり入れ"なのです。

抜粋記述したビオン自身の記載からは読み取りにくいかもしれませんが，赤ん坊もしくは患者は，死の恐怖という内側の感情を具体的に排出し，外界の母親あるいは分析家はそれを具体的に受け取ったようであり，同時にそれは情緒体験という心的なものなのです。細やかな記載は後に譲るとして，感情という個人内のものがその個人によって取り扱われるさまであると同時に，その感情が二者間で交流していくダイナミックなさまとその具体性を帯びた性質を，コンテイナー／コンテインドの概念を活用して描き上げました。

3．コンテイナー／コンテインドと邦訳語

コンテイナー／コンテインドは，具体性を感じさせる邦訳をあてれば，「包み込むものと包み込まれるもの」もしくは「含み込むものと含み込ま

表1 コンテイナー／コンテインド関係

コンテイナー／コンテインド
♀／♂
包み込むもの／包み込まれるもの
パーソナリティ／感情・思考
考えること／思考
膣・子宮／ペニス
母親の乳房／赤ん坊
赤ん坊の口／母親の乳首
組織／個人
・
・
・

れるもの」と言えるでしょう。また「包容するものと包容されるもの」とも言われます。確かに精神分析場面において治療者としての私たちは，コンテイナー/包み込むものとして，アナライザンド（被分析者）の抱えきれないでこころから吐き出している不安や破壊衝動，苦悩を含む考えや空想といったコンテインド/包み込まれるものを，私たちのこころに包み込もうとしていきます。

　コンテイナー／コンテインドの邦訳語はほかにもあります。表意文字的側面が優勢になった，容器/内容（高橋哲郎），受け皿/収納物（なかみ）（松木）などです。これらの名詞形は，このモデルのもつ多様性を大きく限定するだけでなく，contain という動詞に接尾辞の er と ed が付いたことによる関係の同質性を消してしまうことからも，もはや好ましいものではないと私は思っています。

4．思考とコンテイナー／コンテインド

　コンテイナーとコンテインドの交流モデルが提示されたときに目を向けてみましょう。
　精神病の精神分析に本格的に打ち込んでいた当初ビオンは，精神分析臨床での課題はアナライザンドのこころに成熟した思考——**この '思考' は言い換えると，考え，観念と一般に呼ばれているものです**——が備わるこ

とにあると考えました。そこで彼は思考の発達を探索していきました。彼はこころにおいて，思考 thoughts は，考えること thinking という装置との関連で発達していくが，そのとき思考だけが発達するのではなく，考えることという装置のどちらもが発達していくと気がつきました。そしてその上で独自の見解に行き着きました。

　それは，'思考' というコンテインドの圧力が，'考えること' というコンテイナーの活動を促すという見解です。世間一般には，まず先に考えることがなされて，考え，思考が浮かぶと考えられがちですが，実際は逆であることをビオンは見出しました。コンテインドがコンテイナーを求め，刺激するのです。

　この考えは，のちに '考える人のいない考え' がその棲家，つまり考える人を探す，あるいは '未飽和な要素'（思考）が飽和される，'前概念' が現実での実感を得て '概念' になるといった，コンテイナーを探している，もしくは待っているコンテインドに言及する形で語り続けられました。（第 17 章を参照）

　ここでは前者，'考える人のいない考え' について述べましょう。私が精神分析的心理療法をおこなった確認強迫の男性は，「自分は母親に嫌われている」との耐え難い絶望的な考え／コンテインドをみずからのこころから排出していました。その考えは考えられず，いつも考えられるのは別の強迫観念でした。すなわち強迫観念へのこだわりは，こころを強迫観念で埋めつくし，その考えをこころに置かないための方策でした。その考えが彼のこころ／コンテイナーに住まうことが最終の達成でした。その過程でその苦痛で耐え難い考えは，私のこころ／もうひとつのコンテイナーにしばらく置かれました（松木 2002）。

　またコンテイナーとしての原始的なこころでの思考の扱い方としての '排出' についても言及しています。たとえばサンパウロでのセミナー（1978）で次のようにビオンは返答しました：「ため息をつくとき，彼はおならを排出していますし，話すとき，彼は思考を排出しています」。そこには分析家のこころというコンテイナーが求められています。前述の男性も体液（鼻水や尿）のように耐え難い考えを漏らしては，それが戻ってきてしまっていないことを確認することが強迫行為として現れていました。

いずれにしても，思考の発達というこころの成熟に必須な要件に，コンテイナー／コンテインド交流は見出されました。この考えることと思考の発達については，のちに第7章でくわしく述べていきます。

しかしながら，その思考の発達がこころの成熟になぜ重要なのかと思われる方もあるでしょう。そのテーマに触れてみます。

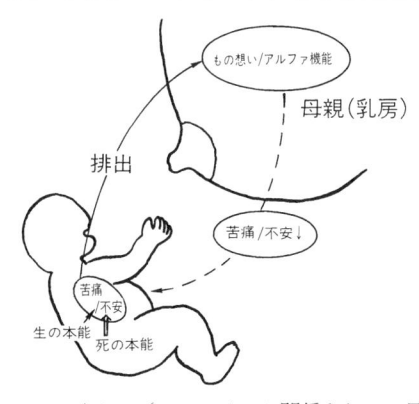

5．コンテイナー／コンテインド関係としての母親と乳児

生後まもない赤ん坊は，快感原則に沿った一次過程の実践として，みずからの内に感じる苦痛な感情・感覚——飢えや眠気，痛み——に耐えられず，それらをこころからただちに排出します。すなわち赤ん坊は，（それらの感情を便や尿のような具体物として扱おうとその排泄作業として）泣きわめき手足をばたつかせます。その振る舞いを母親は感知し，その赤ん坊が耐えられない苦痛なものが何なのかを，みずからのもの想いの中で知ります。そして赤ん坊の求めているものを与えます。たとえば飢えに苦しむ，飢えを排出している赤ん坊にはお乳を与えます。それは赤ん坊には，みずからの行為によって苦痛なものの排出が成功裡になされ，その後快いものが得られていることなのです。

ここで赤ん坊の苦痛な感情はコンテインドですし，対応する母親のこころ，そしてもの想いはコンテイナーです。もちろん，赤ん坊のこころもコンテイナーですが，それはコンテインドにもちこたえられませんでした。

図1　コンテイナー／コンテインド関係としての母親と乳児

また，赤ん坊にお乳を与える母親の乳首は具体的なコンテインドですし，赤ん坊の口は具体的なコンテイナーです。それと同時に，この赤ん坊を抱っこしている母親は苦痛を和らげるコンテイナーであり，抱かれる赤ん坊はコンテインドです。

ところでこの母子の交流場面では，母親は赤ん坊の排出する感情の意味 **[この場合，'飢え']** を，みずからのもの想いにおいて理解しました。そこにおいて母親は苦痛な感覚というまだ意味のないものを意味あるものに変形するという，ビオンが'アルファ機能'と呼んだこころの機能を働かせています。そしてこのとき母親は，押し黙ったままでむずがる赤ん坊の世話や授乳を機械的にすることはないでしょう。きっと理解したものに基づいて赤ん坊に語りかけながら世話するでしょう。たとえば，「かなちゃん。おっぱい欲しいですか。はい，はい，パイパイね」とか楽しく語りかけながら。

このとき，母親のアルファ機能がその内に意味を孕ませるコンテイナーですし，赤ん坊が排出するいまだ意味をもたない生の感覚・感情がコンテインドです。そして次には，母親が語りかける喃語様の語りがコンテインドとして，赤ん坊のこころというコンテイナーにとり入れられます。

6．原始思考（アルファ要素，ベータ要素）とその発達：アルファ機能というコンテイナー

やがて大きくなっていく赤ん坊が，母親の言ってくることに笑ったり驚いたり，ある動作をしたりするのは，母親が発することばの意味を（おおまかには）つかんでいるからでしょう。それは赤ん坊の中ではことばにはなっていませんが，何か音のひとまとまりのような特定された特異なひとつの感じになっているでしょう。それにはおそらく聴覚だけでなく，視覚からの感知部分や触覚，嗅覚からのそれらも含まれていると思われます。

これがもっとも原始的な思考であり，この水準の思考をビオンは'アルファ要素' α elements と呼んでいます。ちなみに赤ん坊が泣きわめき手足をばたつかせて排出している，具体的に操作するしか扱いようのない，すなわち考えられない思考といえるものを'ベータ要素' β elements と名づけました。アルファ要素にも至らない，思考として扱えない思考，具

表2　思考のアルファ要素とベータ要素

アルファ要素——こころに置いて考えられるもっとも原始的な思考。視覚，聴覚，触覚等からの要素とつながっているがことばにならず，意味ある音として伝達できない考え。 　　　　　　思考としてこころの中に貯蔵され，考えられる。 ベータ要素——こころに置かれるとしても具体物であるため，考えられず，具体的に操作するしかない思考の未然型。こころによって消化されていない事実。もの自体。 　　　　　　考えられるのではなく，具体物として操作される。

体物がベータ要素です。

　このアルファ要素においてすでに，思考は，母親という対象とのつながりを持っていますし，喜びや苦痛，怖れというみずからの感情をその内に含んでいます。思考はコンテイナーとして感情というコンテインドを含み込んでいるのです。この原始的な思考に源を置いて，私たちは日常の思考によって，客観的にみずからの感情や空想を把握したり扱ったりできるようになるのです。思考は，私たちが原始的で粗野な感情を飼い馴らし，現実的かつ理性的にふるまえる必要条件を与えてくれるのです。

　ここまでの母子関係の描写によって，コンテイナー／コンテインドの概念が，外的と内的の両面の母子交流を併せて表しえていることが理解されたことと思います。というより，極く早期の赤ん坊はこころを具体的に体験しているので，往々にして内的対象世界が外界と重なりますから，その母子の交流がこの概念によってもっとも適切に描かれると言うべきなのでしょう。

　その後，このアルファ要素という思考は，概念やコンセプトという意識化しやすい思考に成熟します。そしてそれによって私たちはことばを使って考えたり話したりするようになります。ここでもこのことばというコンテイナーが，思考や感情というコンテインドをコンテインできることもあれば，コンテインできない場合もあるのです。私たちの日常生活や臨床場面で，感情がコンテインされていない話し方の人に出会うことは稀ではありません。

　ところで，ここでコンテイナーとしてのこころに置かれるものと置かれないものを試みに区分けして提示してみましょう。

こころに置かれるものは、アルファ要素とそれから発達した思考と抑うつ的世界です。そして置かれないものは、ベータ要素、奇怪な対象群、妄想-分裂的世界です。

臨床に目を向けますと、心的外傷後のフラッシュバック、反復する悪夢とされる驚愕状態はベータ要素の集積にすぎないために、考えること、つまりアルファ機能の対応で取り扱えない事態なのです。こころに置いておけないのです。病者がその苦痛に、自傷や多量服薬といった具体的な行為で対処するのは、そのためなのです。強烈な外傷体験は、感覚印象 sense impression のコンテイナーであるアルファ機能の損傷を引き起こしていると考えられましょう。ここにはおそらく、外傷によるあまりにも過剰で過重な新しい感覚印象をアルファ機能が処理できない場合と、アルファ機能の力量がもともと低く、そのため外傷による多量の新しい感覚印象を処理できない場合の両者がありましょう。

ちなみにビオンは、日常語——たとえ専門用語であっても——は、意味や感情が多重に色づけられているため、それらを使用するとその中核的本質が不鮮明になってしまいやすいと怖れました。たとえば「正義」、「転移」、「母親」、「雪」といったことばには共通な、さらには個々人によってものすごく多くの意味や感情が含まれていましょう。具体的なもののイメージが強すぎるものもあるでしょう。ビオンの表現を使うなら、ことばの陰影 penumbra が付きすぎています。あまりに多くのコンテインドを含みすぎたコンテイナーなのです。そこで彼が新しく提示した概念には、α, β, ♀, T, O といった記号を用いました。

7. なぜコンテイナー／コンテインドは♀／♂の記号か

コンテイナー／コンテインドには、♀／♂といった記号があてられます。これは前述のように、私たちが日常使用する単語はその使用歴ゆえにある特定の具体物を喚起する濃厚な意味がすでに付与されており、その既成の意味に色づけされるのを避けたいとビオンが考えたからです。たとえば、1頭、1匹、1羽というと大きな動物や生き物全般、鳥がそれぞれイメージされますが、1だけであれば、私たちはもっと柔軟に考えを広げ活用で

きます。同じくコンテイナーも，わが国では一般には先ほど述べた'コンテナ'という貨物輸送の大きな金属箱を連想するでしょう。そこでなんらかのイメージに固執せず自由に考えを広げられるようにと，記号の♀や♂を採用しています。

けれどもなぜコンテイナーが♀の記号で，コンテインドが♂の記号なのでしょうか。それは，コンテイナー，コンテインド間での交流が本質的に含む生産性，創造性を表わすからのように思われます。

♀（コンテイナー）と♂（コンテインド）の交流の具体例は，性交です。性交は，♀（コンテイナー）の膣が♂（コンテインド）のペニスを包み込む（コンテインする）ことで成立します。それは，♀としての卵子への♂としての精子の侵入的結合でもあります。そしてそれは，愛情を生み出し高める，具体的には子どもを創り出すこともあれば，何ももたらさないこともあり，逆に憎しみや恐怖を産み出すこともあります。まさにふたつの対象の包み込む交流から何かが生まれるのです。

伝統文化のひとつとして，各地の神社にペニスや膣や子宮を表象する古い奉納物が祭られていることはご存知でしょう。農業での豊穣な生産を願っての伝統儀式の備品です。世代を超えた願望と意思がそこにあります。一方，それらが**祭られている**，すなわち崇め奉られているとのことは，たたりや悪い報い，すなわち悪影響を怖れてもいたことを表しています。

ビオンは，この♀／♂交流が，人のこころの交流の根源であると考えました。まさに精神分析の考え方です。ですから精神分析場面での分析家とアナライザンドの交流を，言語による交わり verbal intercourse と見ました。ちなみに後者の単語 intercourse は，一般に性交，交合を意味します。（「言語による交わり」は，第2部第9章に記載）

生産的でありうるこの交流を私たちは内在化することで，あるいは体質的前概念として，私たちの内に持っています。私たちが私たち自身の中で，ことばにされた考え（思考）を使って考えていくことで新たな何かを発見することの根源は，ここにあるのです。

のちに第13章で詳しく述べますが，コンテイナー／コンテインド ♀／♂の関係は三つの性質を持ちえます。共存的 commensal，共生的

表3 コンテイナー／コンテインド関係の三つの性質

共存的 commensal：第三者の創造と，それら三者に益をもたらす
共生的 symbiotic：二者だけの福利にとどまる
寄生的 parasitic：第三者の創造と，それら三者を破壊する

symbiotic, 寄生的 parasitic です。

ふたつの対象（コンテイナーである対象とコンテインドである対象）が第三者を共有し，それが三者それぞれに益となるのが'共存的'と呼ばれる性質です。♀と♂の性交によって子どもが創造され，これらの三者に益となる家庭が築かれるのです。精神分析関係においては，ふたりの間に新しい理解，考えが生み出され，それによってふたりのパーソナリティが進展し，新しい考えもそれとして意義を増します。ちなみに米国西海岸の分析家トーマス・オグデンは，'第三の主体'という発想をここから得ていると思われます。

ふたつの対象がお互いの利益のために依存しあう関係を'共生的'とします。♀と♂での心地よさが分ち合われる性交でありますし，精神分析関係でのふたりの間にも何らかの利益による心地よさが分ち合われる関係です。それは，分析家には分析過程の順調な進展や金銭の充足であったり，アナライザンドには有能感や安心感であったりするでしょう。この関係は第三者が生み出されないなら，いつか行き詰まりが生じます。

'寄生的'とは，お互いに依存することで第三者を生み出しますが，それがそれぞれに破壊をもたらす関係です。♀と♂の**倒錯的**な性交が激しい興奮や刹那的な快感を生み出し，それと同時にそこに孕まれている攻撃性を限りなく肥大させ，ふたりの対象において成長しうる情緒的な親密さを破壊していくときです。精神分析関係では，たとえばふたりの間で維持されるつながりが分析家の評判を落とし，アナライザンドは'悪化'を表し，終いに精神分析は破壊されます。

8．♂と♀をつなぐものとしての投影同一化

前述したように，赤ん坊はみずからのこころというコンテイナーに置いておけない苦痛な感情や考え——たとえば成語で表わすなら「飢えている」，

「死んでしまう」,「ばらばらに壊れる」,「消滅する」という思い——というコンテインドを,（意識されない万能空想において）泣きわめくふるまいによって排出します。

　この苦痛な感情や考えを具体的な物として排出するという万能空想が,（なかでも最も原始的な水準の）'投影同一化'であることをビオンは見出しました。

　赤ん坊自身には認識されていない, この投影同一化の万能空想を, 母親のこころはもの想い reverie の中で感知し, それをコンテイニングします。そして赤ん坊自身もつかめていないその現実的な意味——たとえば, 飢え, 寝むずがり, 暑苦しさ——をつかみ, その苦痛を和らげる現実的な対処を試みます。排出された赤ん坊のコンテインドは宙に漂うことなく, こうして母親のこころというコンテイナーによるコンテインメントを得たのです。この両者を力動的につなぐものが, 赤ん坊の投影同一化なのです。ここには, 空想の現実化, つまり'赤ん坊の万能空想の母親による現実化'という新たな事態が発生しています。

　この'コンテインド—投影同一化—コンテイナー'関係を, そのまま精神分析関係にあてはめることができます。

　アナライザンドは自由連想法に沿って語っていきますが, それにともなって内なる無意識の感情や思考, 対象にまつわる空想を面接室の中に, 分析家の中に, 意識的のみならず無意識に排出し繰り広げます。コンテインドの投影同一化です。分析家は, この投影同一化されている空想をみずからのこころというコンテイナーにコンテインします。そして, もの想いにふけり, その空想を理解し, 好ましいときを見定めて, その理解を解釈するのです。

　このコンテインメントによって, アナライザンドにはこころに置いておけない無意識の空想であったものが,（解釈のことばによる）受け容れられる意識的な思考になって戻され, 彼/彼女のこころに置かれるのです。考える人がなく, 面接室に漂っていた考えが分析家の中に棲み, それから本来の棲み処であるアナライザンドのこころに居場所を得るのです。

　これは, アナライザンドのコンテインド[♂]が分析家のコンテイナー

[♀]に身籠られて，空想という卵子から新しい思考という新生児を誕生させるという創造的な心的交わりということでもあります。

しかし，赤ん坊と母親の場合と同じように，アナライザンドが投影同一化している万能空想を分析家がコンテイニングできないことも少なくありません［コンテインメントの失敗］。そのときには，コンテインドは適切な対応を得ようと，コンテイナーである分析家のこころを積極的に刺激し続けるでしょう。投影同一化による排出はいっそう多量で激しくなるかもしれません。それが，分析家にさまざまな**逆転移**の感情や思考を産み出します。その逆転移から，分析家があらためてコンテインドを正確に理解することもあるでしょうし，むしろ逆転移が厚い壁となって受精を妨げることもあります。

9．－♀と－♂（マイナス・コンテイナーとマイナス・コンテインド）

ビオンは，コンテイナー／コンテインドの負の形，つまりポジティヴ（プラス）ではなく，ネガティヴ（マイナス）の形態にも考えをめぐらせました。

それを要約すると，次のようです。

－♀と－♂は，こころの類似品にすぎず，赤ん坊の死の恐怖を覆うだけであって，そこには欠如があり，それは負のサイクルを作るものです。つまり，このネガティヴな交流によって観念が乳児のこころに置かれても，それはこころの家具に過ぎません（ベータ要素という具体物の生産ということです）。それらはこころに配置はされますが，生きていることへの意味をまったく持ちません。それらによっては，こころを成長させるつながりも作れません。

それは，ただ意味を持たないだけではなく，意味が剥ぎ取られ，つながりは破壊されます（'**アルファ機能の逆転**'が働くとビオンは言います）。あらゆる負を生産する無限の破壊を活性化させるブラックホール，意味を剥ぎ取られた'言いようのない激しい恐怖の世界'が準備されます。

そこではその個人は，無へと変質していく空虚な「優位性=劣位性」しか表さなくなります。それは，超自我のさまざまな特徴が剥ぎ取られた内

的対象である「超」自我です。ここに後年に精神病が顕在化する基盤が作られるのです。

マイナス・コンテイナーとマイナス・コンテインドが内在化されたものとしての'−(♀♂)'とは，精神病やパーソナリティの精神病部分（パーソナリティ障害や性倒錯者で顕在化しやすいもの）に認められる妄想的対象です。それは，羨望に満ちて道徳が欠けている「道徳的」優位性を主張し，すべてに欠点を発見してみずからの優位性を主張する優位な対象として現れます。そのため，知識を破壊し，学ばない能力を誇示し，建設的な活動ができません。

このところは，急性期の精神病者が幻聴や被害関係妄想として体験する妄想的対象についての体験のしかたを思い起こされるとわかりやすいでしょう。なお，「第5章　正と負」，および「第6章　パーソナリティの精神病部分」，「第14章　変形」を読まれた後に読まれると，ここでの記載の内容が理解しやすくなると思います。

10．コンテイナー／コンテインド・モデルの拡大

コンテイナー／コンテインド・モデルは，生きている二者の交流の本質をとらえた概念であるため，それをさらに広く使用することもできます。

母親の身体は，コンテインドとしての赤ん坊にとってコンテイナーであり，その身体に抱かれて愛情が実感されます。その子が大きくなると，母親と父親で作っている家庭が，その子のコンテイナーになります。やがてさらには学校や少年野球やスイミング・クラブ等の地域活動グループ，会社といった社会組織もあらたにコンテイナーとなってきます。人類にとって，いや生き物にとって，地球はコンテイナーですし，地球にとって宇宙はコンテイナーでしょう。また，患者というコンテインドにとって治療者，治療チーム，病棟，病院はコンテイナーです。コンテイナーを，ハードなそれとソフトなそれに分けて考えることもできるかもしれません。

これは大切な見解であると思いますが，'抑うつ態勢'と呼ばれている抑うつ的な世界体験は，こころというコンテイナーに収められている世界です。しかし一方，こころというコンテイナーに収められない体験様式と

は，妄想-分裂的世界に住んでいることなのです。すなわち'妄想-分裂態勢'とは，無意識部分はもはや外界に散りばめられていて，こころは外界に散ばっているのです。外界にこころの部分部分があるのです。

　精神分析臨床こそが，その分析空間にどのような性質のコンテイナーとコンテインドが作用し，その両者に生じる接触が産み出すものがどんなものなのか，さらにそこに働く投影同一化をきわめて精密に浮かび上がらせてくれます。それらに好奇心をもって目を向けることが大切なのです。

2．破　局──破局の恐怖

1．原初の不安

　精神分析の理論が組み立てられるとき，その中心骨格を作るのは，不安の性質です。なぜなら精神分析臨床実践では，そのアナライザンドや患者がどのような性質の不安をどのように扱おうとしているのかが，もっとも切迫した課題として常に注意を払われるものだからです。フロイトがエディプス葛藤における去勢不安を，自我心理学ではマーラーが分離不安を，クラインが抑うつ不安を，それに加えて後には迫害不安を，精神分析理論の中核に位置づけたのは周知のとおりです。

　生まれたての赤ん坊が抱くもっとも原初の不安を定式化したのは，そのクラインでした。その不安は，乳児期にこころの組織化が進展するのに並行して，その質を変えました。

　そもそもは過度な苦痛や欲求不満状態において，未だ組織化されていないこころの自分というものがばらばらに壊れ消滅してしまうという'破滅の怖れ'（破滅-解体の不安）に始まります。

　そのこころが発達的につながりまとまっていくとき，心地よい満足と安心を体験し，とり入れる'よい自己-よい対象'の作る対象関係と苦痛や攻撃的破壊に充ちた'悪い自己-悪い対象'の作る対象関係にスプリットした，それぞれでの連結・統合が進みます。こうして破壊-攻撃の欲動は'悪い対象'に収められるため，不安の質は，悪い対象によい自己が攻撃され破壊されるという，外からの攻撃体験として知覚される'迫害不安'に変わります。

　そしてその後の発達過程において，分裂している自己や対象がさらに連結を進め統合に向かう動きは，排除していた破壊欲動が自らのものであるとの自覚をうながし，不安の性質を，罪悪感や絶望感，悲哀といった，み

ずからのこころの中に「こころの痛み」として知覚される'抑うつ不安'へと変えていきます。

この「破滅の怖れ→迫害不安→抑うつ不安」という推移が，クラインが生後1年に乳児の私たちの中に起こる不安の変遷と見取ったものでした。

クラインの提示した不安の発達的変遷について，ビオンは否定することはありませんでしたが，そのまま活用することもありませんでした。彼は不安についての視点を変えました。

ビオンは，こころがすでに作り上げていたバランスを崩すとき，パーソナリティがその本質にかかわる揺さぶりを体験するとき，それがいつの時期であろうと，破滅の恐怖といってよいような解体的な無統合が起きてくる強烈な感覚と不安を繰り返し体験すると知り，それを'**カタストロフィ/破局**'という用語で概念化しました。ビオンによれば精神分析臨床では破局は，アナライザンドと分析家との間の極度に原初的な種類の連結に向けられた，切断してくる攻撃に由来します（1957）。この原初的な種類の連結とは，私たちが生まれたてのときにこころが未だ組織化されていないとしても，すでに生得的に前概念として保持している，成長のためのよい自己とよい対象のつながりです。

この**破局の恐怖**が，パーソナリティに根源的な不安なのです。破局の恐怖については，前章に述べたアルファ機能との関連でビオンは次のようにも述べています。視覚的なイメージが得やすいかもしれません（注意と解釈 1970）。

アルファ要素を産み出すはずのアルファ機能の失敗は，点・線・空間に関するこころの視覚像の欠如を含みます［このことは，私たちが考える時に頭の中で文字や数字を視覚化するとのことを思い*出*されると理解されやすいでしょう。この思い浮かべることは，アルファ機能がうまく作動していることで成立していると理解されます］。そのため，心的空間が現実化するための装置を持ちません。この心的空間が実感されないことによって，その中に投影ができるためのコンテイナーという概念が形成されません。結果としてそこに起こることは，［ちょうどブラックホールの発生のように］爆発的な投影であって，そのときの空間が現実化するなら，それは広大な無限の広がりに感じられます。それはあまりに猛々しい無限大の恐怖

──精神病性の恐怖，精神病性のパニック──を伴います。それに続いて，その心的空間は無限に広大なので，病者は情緒自体がその無限大の中に吸い取られ失われるように感じられます。すなわち，情緒能力は失われたように病者に感じられます。その結果，思考，視覚像，言語は時間的にも空間的にも境界に定義のない，その無限大空間に浮遊します。〔原文に松木が随時加筆している〕

多かれ少なかれ，私たちはこのような体験をそもそも乳児期にしており，それは先史からの遺物（たとえば，奇形腫）のように，あるいは潜在的に活発に，私たちのこころに残っているのです。

2．破局・破局的変化

正に向かうとしても負に向かうとしても，こころが本質的な変化を起こすときには，破局の恐怖が体験されます。それを'破局的変化'と言います。

生まれたばかりの赤ん坊も欲求不満の苦痛にさらされ続けているとき，その局限において，破局の恐怖を体験します。その恐怖に持ちこたえていることができるなら，その苦痛は，「飢え」とか「からだの痛み」と，いずれ名づけられ，苦痛や怖れは赤ん坊に知られたものになります。しかしながら，持ちこたえられないとき，この苦痛と怖れはつかみようのないブラックホールのような負を増殖させるものとなります。それを**'名前のないひどい恐怖 nameless dread'**（'**言いようのない恐怖**'，'名状しがたい恐怖'，'無名の恐怖'等と翻訳されています）とビオンは名づけました。（のちにビオンは，もっと早期の胎児期の不安を'副視床恐怖'として語りましたが，ここではそれには言及しません）。

人にとっての最初の破局的変化は，生まれ出るときであるとクラインもビオンも精神分析臨床を通して認識しました。それはいみじくも精神分析運動史の初期にオットー・ランクが唱え，フロイトは根拠を欠くと退けたものでしたが。こころが新たに組織化されていくときとは，破局的変化のときですしそこに破局の恐れが体験されます。前述した'言いようのない

ひどい恐怖'が発生するかもしれないときとは，妄想-分裂態勢が組織化されていくときですし，それが抑うつ態勢に変わるときも同様に，破局的変化のときです。その後の発達期においてマーラーが主唱した分離-個体化の時期，フロイトのエディプス期，それからよく知られている思春期危機，中年期危機と呼ばれているもの等，破局状況に出会い続けます。

3．社会組織と破局

　人生において私たちは，繰り返し破局的変化，そのおりの破局的な不安を体験しながら，それを生き延び，その経験から学んでいくのです。

　ビオンは別の文脈，すなわち社会や社会組織という集団組織においても，この破局的変化に触れています：

>　「私の知っている人間の社会組織はどんなものでも，そして私は幾らかの証拠を示すこともできるのですが，死んだものと見なすことができるでしょう。それが死んでいるかぎり，成文化されている法律や条令や理論にまったく馴染みやすいものとなります。同じこれらの組織にも内側に死んでいない個々人がいます。それらの生きた対象は，硬直化して死んで，そして無生物の法律に従っている共同体の内側で成長し続けます。これらの組織の内側にある個々人の成長は遅かれ早かれその組織に圧力を加えるでしょう。
>
>　こうして組織は膨れ上がり始めます。そのときに，二重の危険が生じます。ひとつは，社会全体が無法社会となるというような法律に対する反逆です。もうひとつは，内側で成長する個々人が，そのような死んだ組織のなかで生き続けられないように，極度に硬直化することによって組織を保守するということです。もしこの共同体の個々人が依然として生き続けるなら，その場合，その組織に圧力をますますかけ，組織はその法律を改めるか，崩壊に直面しなければならなくなるでしょう。」

　私が海外研鑽を終え，当時は新しいものであった精神分析の理論と技法を携えて元の集団組織に戻ったとき，私は危険な反逆者と見られました。その組織長はその地で学んだことをまったく生かす機会のない状況に私を

置くことを決めました。私は，それではようやく私の中に息づくようになった精神分析が死んでしまうと感じて，それを生かす機会を求めて組織長と話し合いました。しかしそれまでの慣わしの例外は認めないとの見解で私の提案は完全に拒絶されました。3回の話し合いも物別れに終わり，私はその組織を離れました。組織は破局を回避しましたが，英国で破局的な変化を経ていた私は，新たな破局の危機の只中にいました。

　それはまた，学会という組織においても，学会大会でそれまでの友人，知人が私をまったく相手にしなくなるという事態が起こることでした。しかし私は，私の中の息づく精神分析を実践しそれを発表し続け著すことで，死なずに生きる道を歩みました。『対象関係論を学ぶ』や『分析空間での出会い』はその過程で書いたものです。やがて私の表わす精神分析を認めてくださる方たちに出会い，そうして私は学会内にも生きる場所を得て，今日に至っています。

4．'破局'理論からの新展開

　赤ん坊に見られる，破局の結果に生じる解体という'無統合状態'に注目したのがエスター・ビックでした（1968）。ビックの観察では，この原始の解体状態は，コンテイニングしてくれる対象——すなわち，世話してくれる母親対象——によってまとめられ修復されます。そのコンテイナーは具体的には，'皮膚'として体験されます。そのまとめ包み込む原初的皮膚機能が障害されているときに，その代用物として病理性の強い'第二の皮膚 second skin'が形成されます。それによって乳児は破局による無統合状態の持続を防ぐのです。

　筋骨たくましい殻（攻撃的な多動，身体を硬くした姿勢等），言語的な筋骨たくましさ（多弁，強力な知性化）が，ビックの例示する'第二の皮膚'の例です。

　ドナルド・メルツァーも支持したこのもっとも原始的な不安とその防衛は，クラインの心的発達論には沿っておらず，原始的破局から直接発生する諸病理を提示しています（クラインの発達論では，解体-破滅を起こす破壊-攻撃性は対象に投影され，迫害不安と妄想-分裂態勢を形成すること

になります)。実際メルツァーは後に，人生最初期に母親の乳房の美に圧倒される抑うつ不安こそが最初の破局的な体験であると考えるようになりました。これはビオンの考えに基づいた新たな不安理論であって，新しいクライン派理論と言えます。そこには，発達過程としての妄想-分裂態勢，抑うつ態勢という理論が一義的なものとして求められる必要がなくなります。この原初の破局の不安がどう対処されるかなのです。

このようにメルツァーやビックはビオンをクラインの唯一の後継者と位置づけ，その思想のさらなる発展をめざしました。それは，ハンナ・スィーガル，ジョセフら英国精神分析協会の正統クライン派との分岐を生みました。

5．破局的変化，ふたたび

ブラジルでの講義（1974）でビオンは語りました：

> 「原子物理学者マックス・プランクは回顧録のメランコリーな箇所で，同時代の人々には何も教えられないことを発見した，と語っています。進歩は彼らが何かを学ぶことにはありません。起こることは，彼らが死に，もっと若い人たちが現れてくることです。彼のこの悲しい発見は，分析家であるのなら必ず自覚していなければならないものです。」

ここに破局的変化の核心が語られています。プランクの発言は，個人の中にもあてはまります。私たちが心的に一度死んでしまわないと，新しい考えを含んだ自己を構築できません。この心的な死が，破局なのです。

精神分析臨床において，アナライザンドが真に変化する。つまり，パーソナリティが本質的に再構築されるときには，破局を体験します。ビオンは言います：

> 「こころの進展，もしくは成長は，破局的であり，無時間的である。」(1970)

ここには，精神分析体験の無時間性と進展に起こる破局での迫害感とい

う，こころの成長についての従来の楽観的な考え方を越えたものが含まれています。後者については，次の章でふれてみます。

　自傷や自殺企図，強迫行為を繰り返した，それまでただマゾキスティックに従属することでその依存対象を理想化してきた重篤なパーソナリティ障害の女性は，自己を見つめ続ける精神分析過程で生じたその破局で，「もう，生きているのか，何なのか，わからない」，「何もかもがわからなくなった」と言い，何もできないと語り，死にたい気持ちも強く訴えました。しかしそれと同時に，精神分析の結果かつての自分がすっかり崩れてしまったこと，そのことは自分らしく生きていくには必要であることがわかっていることも述べました。

　まさに破局的変化を彼女は生きていました。その特徴として，1) パーソナリティの**転覆**が起こりました。2) そのため彼女は**すさまじい様子**になりました。3) それでも本当の自分が**変形の中での不変物**として保持されました。

　別の女性アナライザンドは分析セッションで経験した破局的変化を，「手術」と表現しました。そこでは，それまで彼女が抱えていた母親像と自己像が微塵に砕かれ，まったく異なる母親像と自己像が生まれたのでした。この気づきはまったく真正なものでした。そしてそれは，彼女には手術のように生死にかかわる激しい痛みと衰弱を体験させたものでもありました。その後，彼女は何度もこの「手術」体験に言及しましたが，それは彼女がその破局的変化を変化として受け容れた証でもありました（これらふたりの女性は，精神分析過程をやり遂げ，その後，社会で普通に機能し続けました）。

　パーソナリティが再構築される過程でマクロな，あるいはミクロな精神病状態を通過することがありますが，これも破局的変化のひとつの形です。前述の女性も，「手術」の後のセッションで，面接場面が録音されており，皆が聞いているという妄想性不安を一過性に抱きました。

　退行とされる在り方に至るのも，破局的変化の穏やかな形です。ある摂食障害の 20 代後半の女性はそれまで気を使うよい子でしたが，治療過程でパーソナリティの**転覆**が起こり，彼女自身もとまどうほどの**乳幼児的な**

すさまじい不機嫌さと刺刺しさを露わにしました。それは母親にと，妹を表わすある女性に向けてとりわけ強烈でした。しかしこうした変容に中で，彼女の依存対象希求は**不変物**でした。実は彼女は妹の誕生によって祖母に世話されることになり，それ以来母親に近づかないよい子のパーソナリティを作り上げていたのでした。

　ベティ・ジョセフは'心的平衡と心的変化'，あるいはジョン・スタイナーは'心的退避'を語っています。それらはいずれも，パーソナリティの自己愛的頑迷さ（こうしたパーソナリティの特徴を自己愛構造体，病理構造体として定式化しました）によって，進展のための破局を回避しようとするこころのありさま，加えて破局的変化に至ることへの強い抵抗に対処する技法を検索しているものです。

　精神分析家の解釈は，破局的変化を引き起こす技法です。クラインは「解釈を与えるに際して，分析家には克服されるべき極めて特別な内的困難さがあるはずだ」とジェイムス・ストレイチーに語っています（1934）。これは治療者自身が内的破局の感覚にもちこたえられないのなら，変化を引き起こす解釈ができないことを伝えています。もちこたえられないとき治療者はみずからを合理化して，何か他のこと，たとえば直接の支持や保証，自己開示をするでしょう。またその投影として，破局がそれをながめる者には悲惨な事態と受け取られ，ひどく怖れられます。それが解釈をする精神分析家自身にもそのように感じられると，もはや分析家が怯えて精神分析を維持できなくなります。分析家がこの破局的変容過程において，パーソナリティの核となる**不変物**を，アナライザンドにも自分自身にも見出してかかわっておれるかが肝要なところとなります。

3．Ps と D（妄想−分裂心性と抑うつ心性）

不安の問題から，心的平衡を破る破局的変化が主題となりましたので，そのこころの平衡に目を向けてみましょう。

1．Ps ↔ D

乳児において発達，統合されていくこころの様態としての'妄想−分裂態勢'Paranoid-Schizoid Position と'抑うつ態勢'Depressive Position というクラインの発見と理論化は，精神分析史上格別に意義の大きいものでした。

'妄想−分裂態勢'は，統合に向かおうとするもいまだ未統合であり，部分対象と部分自己の世界です。そこでは不安は，対象に投影された破壊−攻撃性が自己を襲うという迫害的な形で体験されます。この迫害不安への対処はやはり投影同一化とスプリッティング，原始的理想化です。加えて，体験の質が具体性のものであるという特徴があります。こころは外界に拡散したままです。

一方，'抑うつ態勢'は，統合されようとする過程であり，ひとつにまとまったそれぞれ，すなわち全体対象と全体自己の関係であり，攻撃性が引き起こす不安は自己の内部に置かれるようになり，こころの痛みとして罪悪感や悲哀感，寂寥感という抑うつ不安に性質を変えます。自他の分化が確立されていくことから，象徴機能が高まり，思考水準も高まることで防衛機能水準も抽象化していきます。こころの世界がそれとして確立され，外界とはひとまず明確に識別されます。

クラインは，この抑うつ態勢が発達し到達にいたる終着地点ではなく，人生においてはふたつの態勢が繰り返し再現されるものであることも述べていました。この後者の考えをもっと端的にビオンは表しました。解体と

再統合，それが Ps ↔ D です。

　この Ps ↔ D は，こころのこの変化が瞬時に推移することを示しています。そのとき，そのときの心性としての Ps であり，D です。それは，ひとつの精神分析セッションにおいても，そのセッションのわずかな時間のあいだにおいても，Ps→D, D→Ps と移り変わっていくのです。

　Ps という，投影性に被害的で他罰的で，部分化しているこころと，D という，自己責任を受け容れる内省的な全体性を保ったこころとのあいだでの推移を，人は繰り返しているのです。ですから Ps と D 間の移行は，アナライザンドだけでなく，分析家にも起こることです。もちろん，日常生活での人のこころの動きで起こっていることですが，それがはっきりと見られ同定できるのが精神分析の関係です。

　しかし後年ビオンは，真理を知るためには，O（絶対的事実，もの自体，究極の真実）になること，O を進展させることを述べます。そこではこの際の分析家や患者への衝撃は破局的であり，それは Ps 水準の迫害感を信号とすると観察しました（1970）。ここでは Ps→D で洞察が生じるというより，**Ps と D がほとんど同時に体験される**ことを述べているようです。そこでは Ps は忍耐，D は安心／安全と健全な側面から，その両相が必要なことを述べました。言い換えれば，それゆえ'破局'という表現を使用したということかもしれません。

2．精神分析の要素

　ビオンは精神分析の要素として，♀/♂（**コンテイナー／コンテインド**），**Ps ↔ D**，後に述べます **K-リンク**，そして**もちこたえること**の四つを挙げました。

　この四つの要素が展開するダイナミクスが，アナライザンドのパーソナリティに変容，破局的変化をもたらすのです。

　ここで Ps↔D と♀♂の関係を見てみますと，全体対象が形成される，すなわち，対象と自己それぞれの統合が進むとき，全体対象の輪郭づけは，Ps↔D の操作によっており，全体対象の意味は，♀♂の操作がうまくいくかにかかっているのです。

表4 精神分析の要素

```
♀/♂（コンテイナー／コンテインド）
Ps ↔ D
K-リンク（K，L，H，noK，マイナスK，マイナスL，マイナスH）
もちこたえること
```

　あることについてその本質を洞察することは，いくつかの'選択された事実'が連結されることによってなされます。（選択された事実については，第17章を参照）

　「多発性硬化症」という脳の白質に変性が起こり，脱髄巣が生じる予後不良の神経疾患があります。フロイトが師と仰いだシャルコーは，企図振戦，断綴性言語，眼振という三兆候が認められるとき，本症と診断できることを見出しました。

　神経症状は多彩です。片麻痺，知覚鈍麻，運動失調，めまい，半盲，意識消失，失声など挙げればきりがありません。シャルコーは患者を観察し続け，これらの中から三兆候にあたる三つの臨床事実を選択しその連結によって，それまで困難とされていた多発性硬化症の診断を可能にしました。これは，シャルコーがKを保ち，神経疾患という広大な♀の中に多発性硬化症に特定の症状という♂の意味づけを試み，そして漠然と散乱した症状というPsにもちこたえて，その本質を実感し確定的な三兆候を見出すというDを達成したことでもあります。こころの真実を見出すための私たちのこころの作業にも，同様なこころの作業が求められます。

3．集団とPs，D

　ビオンは，精神分析家となる前には集団の心性を研究しました。複数の人間が集まって作るひとつの集団を，ひとつのパーソナリティと彼はみました。あるいは，ひとりのパーソナリティを複数の自己と対象からなる集団とみました。集団についてその機能とダイナミクスから，闘争-逃避，依存，ペアリングという3種の分類化をした基礎仮定グループとワーキング・グループに分けました。

　前者が，前章の♀／♂の関係で述べた共生的もしくは寄生的な関係を基

礎に置いている，破局の防衛集団であり，後者が創造をなしていく共存的な機能する集団です。すなわち，前者が Ps 心性の集団であり，後者が D 心性の集団であるのは明瞭です。

4．その後の研究　ブリトンの Ps(n)→D(n)→Ps(n+1)

その後，ビオンの Ps ↔ D に手をつけたのは，英国クライン派を代表する分析家となったロナルド・ブリトンです。

ブリトンは，Ps ↔ D との表現が振り子的周期運動を表わすだけで，そこに成長が描かれないことに不満を感じました。そこで彼は時間という要素を再度持ち込み，心的な発達と退行を表わすものとして，Ps と D に前進と後退の図式を導入しました。

Ps と D においても，発達として Ps(n)→D(n)→Ps(n+1)→…D(n+1) という前進があり，退行として Ps（病理2）←D（病理2）←Ps（病理）←D（病理）という後退の動きがあると見たのです。

ブリトンの主張に特徴的なのは，D→Ps(n+1) という表現で，D から Ps の展開を'後-抑うつ態勢'と位置づけ，統合された理解から進展する，不確かでまとまりのない新たな状況にポジティヴな意義があることを示したことです。（あらためて述べるまでもないことなのでしょうが，それまで一般に D→Ps は，妄想-分裂心性への退行という病理的なネガティヴな方向に理解されがちでした）。D というまとまりのあるこころを，さらなる成長のために一度散開することです。完成されたパラダイムの破棄です。そうです。実はこれは，ビオンが'破局的変化'という表現で述べていることなのです。つまり，それをブリトンは Ps ↔ D という概念につないだと言えましょう。

```
                    発達→
            Ps(n)→D(n)→Ps(n+1)→…D(n+1)
              退行  ↓      ↓
Ps（病理2）←D（病理2）←Ps（病理）←D（病理）
              回復  ↓      ↓
            Ps(n)→D(n)→Ps(n+1)→…D(n+1)
```

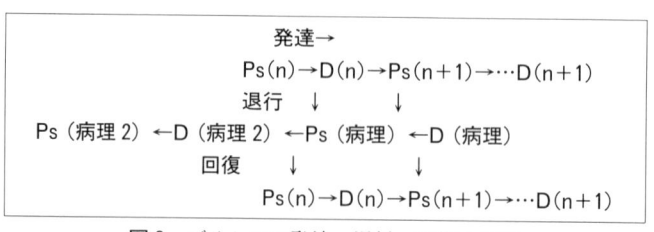

図2　ブリトンの発達，退行，回復の図式

しかしながら一面からみれば，ブリトンはビオンの読みが浅かったと言えます。というのは，『精神分析の要素』(1963)においてビオンは，「再統合（すなわち，Dのことです）は，一度しか起こらないことではない。分析を通して，精神分析的な素材の要素が不適切に組み立てられていると分析家にみなされては，分析家の解釈が解明を提供し，新鮮な統合とまとまりが可能になる」と述べています。ここにはPs→D→Ps→D→...が含蓄されています。ちなみにブリトンの読み違いには，アルファ機能という用語を間違えて'アルファ過程'と記載した既往もありました('Keeping things in mind' Britton,R. 1992)。

　ところで，ここで注目しておきたいのは，PsとDにある連続性です。その質はPsとDと対称的に変化しますが，それは連続したこころの動きなのです。この視点が次の章に引き継がれます。

4．連続と中断

1．中間休止 caesura

　'中間休止'caesura とは，もともと音楽での楽節中の切れ目や詩での行の区切れを意味します。その転用だと思われますが，医学では産科学の用語で，出産時に赤ん坊が産道を通過するときのことを指しています。それは，子宮内から外界に出て行くその途中の時期です。母親の子宮内の羊水という液体の中の環境から，体外の気体（すなわち，空気）の中という環境へと生存環境が決定的に変わる，その中間の時期にあたります。それは，臍帯による母体を通しての酸素交換（臍帯呼吸）から，みずからの口・気管・肺を使う呼吸（肺呼吸）へとがらりと変換するその中間でもあります。

　私たちは母体内にいる赤ん坊を*胎児*と呼び，産まれ出た赤ん坊を**新生児**と呼んでいます。産まれて初めて，医学的にも社会的にも人としてその存在が公認されます。このように，この中間休止の前後には断固とした違いがあるようです。しかしフロイトは論文「制止，症状，不安」（1926）において，「出産という行為における印象的な中間休止が私たちに信じさせる以上に，子宮内の生活と乳児最早期には遙かに連続性がある」と述べました。

　後年ビオンはフロイトのこの発見に印象づけられ，その考えを発展させました。この生理学的には中間休止に見えているとしても，こころに関してそれが重要かは別問題であると言います（1976）。

　ひとつは，胎児期から私たちのこころ/パーソナリティは存在しており，それは出生後にも連続していることです。生まれた後で私たちがこころやパーソナリティを持つのではないとのことです。そして胎児期のパーソナリティは，その胎内での体験による感情や観念のひな型を出生後に持ち越

します。

　ある講義でビオンは，胎児が連続した発達という連結を切断しようとすることの例として，自分の住む宇宙を嫌がり，部屋のカーテンを閉め自分自身を隔離した30過ぎの男性のことを語っています。その男性は，繋ぐ解釈で連続性を作ろうとするビオンに対して，分析室に銃を持ち込むことで対抗しました。

　もうひとつの例もあります。乳児期に自宅に強盗が押し入り，両親やきょうだいはみな殺されたという当人はまったく記憶にない体験をした人物が，青年になったときに突然人を突き飛ばして死なせかねない行為を始めた例をあげ，この傷害行為が乳児期の暴力的で悲惨な体験と連続しているだろうと述べています。無意識の中の連続です。

2．中断と連続

　私たちは胎児期から発生的にさまざまな水準での体験を内に秘めており，それは連続しているのですが，中間休止によって断裂され区別されてしまいます。それを当然と思ってしまう結果，判断を誤りやすく，好奇心を失いやすいのです。

　ビオンはあらゆる事態がどこかでは，連続と中断が同居，もしくは同時進行しているととらえています。

　上述の前者の例では，男性は意識的に発達の連結を拒絶しています。しかし無意識では，その連結がすでにあるのです。後者の例では当人の意識では，乳児期体験と青年期の傷害行為はまったく連続しません。意識の中では中間休止が入っています。周囲の人たちの意識的な受け止め方もそうでしょう。しかし当人の無意識では連続しているでしょう。やはり後年，ビオンは精神病発症の起源は胎内生活の時期にもあると考えました。胎内生活において強烈な不安を体験する時期と精神病が発病するまでには，少なくとも表面的には，長い中間休止の時期があるのです。

　私たちの精神分析臨床は中間休止を突破せねばなりません。ビオンは言います：「あまりにもかすかなのでほとんど感知できないほどですが，しかしとてもリアルなのでそれを意識しなかったら私たちをほとんど破壊し

てしまいそうなものを私たちは扱っているのです。そこが，突き入っていかねばならない領域なのです」（証拠1976）

　強い慢性の抑うつを抱えるある男性は，青年期にその重い気持ちをはっきり意識し始め，その後内なる対象希求と破壊が混ざった衝迫とその苦しみに苦悩し続けました。それが幼児期に母親を突然の事故で失った体験に基礎を置いている，すなわち連続したものであることを実感するには，その中断をもたらした中間休止を突破するには，人生での，そして精神分析での長い期間が必要でした。

3．中間休止と，PsとD

　私は中間休止における連続性という考えには，次の含みがあるように思います。

　それは，人の体験のしかたには，PsとDの両側面があり，Psの面では体験は積極的に切断されていきます。一方，Dの側面では連結され連続しているのです。私たちはこの今もどちらも体験していて，無意識にどちらかをその瞬時瞬時に取捨しているのでしょう。

　ビオンは精神病の精神分析から，私たちのパーソナリティは精神病部分と非精神病部分（神経症ならびに健康な部分）の二つの部分から成ると理解しました（第6章を参照）。それぞれは，知覚したものを同時に違って二つの様式で体験し，二つの様式で取り扱おうとします。私たちのパーソナリティの精神病部分はPs様式で体験し対処し，健康部分はD様式で体験し対処すると考えることができそうです。そこには入れ替わるのではなく，生涯におよぶ連続と断絶の同時進行があります。これをいささか難しく言うと，両者の様式の，オグデンが主張する'弁証法的止揚'が私たちの人生に求められるとのことになりましょうか。

　精神分析の臨床場面に戻ってみるとき，私たちはアナライザンドが意識的には別個のもの，つまり断絶したものと考えているものに出会います。しかしながら私たち自身は彼／彼女に耳を傾け続ける中で，アナライザンドの無意識では連続しているものを見出します。この例は，先ほどの乳児期に殺人事件に遭遇した青年についてのビオンの見解，あるいは私が例示

した幼児期に母親を亡くした男性の例があてはまるでしょう。

あるいは逆もあります。アナライザンドは連続したものと考えていることについて，私たちはあえて連結を切って思考してみます。

解離性の健忘や多重人格を頻発していたヒステリー女性は，彼女が病的な状態にある原因は父親が彼女を嫌悪し叱責し続けたことにある，つまり生誕した彼女への父親の当初からの拒絶にあると，そこに因果を連結させて考えていました。それを裏づけるその後の父親の仕打ちを彼女はたくさん語りました。しかし私は彼女の話をさらに聴いていく内に，そのつながりは一側面であり，一度切られる必要があると感じました。そこでそれを切り，別の考え，すなわち，むしろ幼児期に彼女が父親に強く愛着したし，それは父親からの応答を得て満たされていたのだが，ある時期になって彼女自身の中に父親への愛着への不安が生じていたときに父親に叱責されるできごとが起こったために，彼女は内的な不安の対処として父親の叱責に原因を置いたと理解していきました。この新たな因果のつながりに沿った解釈を私は彼女に伝えていき，最初はいやいやながら，やがてはもっと肯定的に彼女はそれを受け容れていきました。

また同様に私たち治療者も，解釈という言語化による意識化の作業をするとき，選択したあることばを使うことによって伝える内容を限ることを行っています。つまり切断をおこなっています。しかしそれだけではなく，もの想いによって私たちは連続しているものをとらえようとしています。ビオンは広い分野において，中間休止という切断，区分を持ち込むことで問題がオープンでなくなること，問題が片づいたかのように，好奇心を消してしまうことに注意をうながしています。

話はそれてしまいますが，ここで面白いことを指摘しておきたいと思います。それは'ヒステリー'についてです。

米国精神医学界の診断基準であるDSMが世界的に広まった今日，DSMの信奉者たちは，それまでの診断区分をまるですべて忘れてしまったかのように，そこから削除されたヒステリーという病名をまったく語らなくなりました。彼らにはDSM前と後は完全に断絶しています。しかしまったく当たり前のこととして，DSM前だろうが後だろうが，同じ病者は存在し続けています。その病者の中にはヒステリーと見立てると治療対

応がとても適切に進められる人たちがいます。けれども，DSM信奉者たちには絶対に考えられないのです。とてもおかしなことです。

　話を戻します。

　ここで私たちはふたつのことを学べるように思います。ひとつは，臨床での場面では，アナライザンドには連続と断絶の同時進行があり，私たちは両面を見る姿勢を持つことが有益であることです。また，それが私たちの中にもあるとのことです。

4．中間休止と'負の能力'，移行空間

　もうひとつは，中間休止の時期があることです。すなわち，よくわからない，どちらとも言えない時期がありうることです。そこでは，私たちには，わからないことを認識していながら，答えを急がずそのままわからないこととしておくという，無知にもちこたえておく'負の能力' negative capability（Keats——ビオンが引用して知られるようになったことば）が求められます（第16章を参照）。急いで答えを出さないことです。「答えは，問いを不幸にする」——モーリス・ブランショのことばですが——ビオンが機会あるごとに引用したことばです。

　時間と空間の測定は，欲求不満に耐えられる人にだけ可能なものである，とビオンは言います（再考1967）。なぜなら，（乳児の快−不快原則に従う）万能と全知の世界には，時間や空間は要りません。万能感と対峙する，欲求不満という現実吟味から派生する物差しを得て初めて，それが測定できるからです。空間や時間が実感できます。このように欲求不満といった苦痛に耐えて，こころの成長は生じてくるのです。

　ところで，中間休止という考えにウィニコットの'移行空間'という概念を思い浮かべた方もおられるかもしれません。移行的 transitional という概念をウィニコットは大事にしました。それはどちらでもない，どちらかとされては好ましくないという空間や対象を指していました。やがて主体が，他者ではなく本人が，それが何かを決めるのです。空間という視点からは'潜在空間 potential space'という概念もウィニコットは出しています。これも，そこから多様な可能性が展開される潜在的な空間とい

うことです。

　中間休止と'移行空間'は確かに似たところもあるようです。しかし，違いも確かにあるようです。それは，中間休止においては，当人にはどちらでもないのではありますが，やがてはっきりしてくるものは外部の人物に予測されるものなのです。ですから外部の人物（たとえば，治療者）にはさまざまにもの想いしていることがあってよいことです。一方，移行空間は外部の人物も「どちらでもない」に溶け込んでいることが求められます。これは主体と対象がそもそも分離していることを肯定するか，主体と対象の一体（融合）を肯定するかという区別なのかもしれません。しかしこれも，連続と断絶の同時進行という考えによって埋まるものでもありそうです。

5．正と負——ポジティヴとネガティヴ

1．負／ネガティヴ

　先ほど，ビオンがキーツの手紙から引用したことば，'負の能力' negative capability——わからないことを認め，それにもちこたえていることができる力——について述べました。負 negative の概念はビオンが注目していたものであり，負の世界は，ビオンがたえず見つめていたものです。

　わが国の精神分析では伝統的に，ネガティヴは「陰性」と訳出されてきました。たとえば，陰性治療反応，陰性転移，陰性感情というようにです。それは一般の用語法でも使用されています。「アレルギーテストで陰性です」といった表現があります。このときには，陰性は，何の反応も起きなかったことを言っています。つまりゼロ，無です。一方，陰性転移を例にあげますと，それは分析家への憎しみや嫌悪，蔑みといった攻撃的な感情や考えの発生を意味しています。これはよいつながりを破壊して，さらに悪い関係を育む心的状態です。ときには精神分析は破壊され，分析家は評判を落とすだけでなく，悪評が生み出されます。陽性転移が肯定的な感情を生み出すとするなら，陰性転移は否定的な感情／マイナス感情を生み出すと言えるでしょう。この例にみるのは，ネガティヴは陰性より，負（マイナス）を表していることです。このようにネガティヴは，無（ゼロ）を表わす場合とマイナスを表わす場合があります。

　それは死の本能についてのフロイトとビオンの考えの違いにあてはまります。

　フロイトは死の本能に涅槃原則——消滅，無になること——を見ました。生の本能に基づくリビドーが無くなってしまう事態です。すなわち，0（ゼロ）です。しかしビオンは死の本能に，虚数の発生，負の現象の創造と増殖を見たのです。それはたとえて言えば，宇宙での膨張するブラック

ホール，人体での増殖する悪性腫瘍のようなものです。ビオンの表現では，'貪欲に貪り喰う膣'です。

2．負の増殖

　ビオンは気がついていました。1，2，3といった実数に対して0ではなく，虚数−1，−2，−3が存在するように，パーソナリティの健康な実体をもたらす正の増大する感情や思考とともに，パーソナリティで負が増大していく感情や思考を見たのです。死の本能/純粋な破壊−攻撃欲動は，無をもたらすのではなく，増大する負を創造するととらえました。

　赤ん坊が苦痛に耐えられずに排出する感覚や感情を受け取り，それに意味を与え，苦痛や不安を和らげた形で赤ん坊に戻す乳房（具体的な部分対象としての母親）は，赤ん坊のこころに適切な知識という栄養を与える，正の/ポジティヴな母親です。しかし，赤ん坊が排出した感覚の意味を剥ぎ取って'名前のないひどい恐怖/言いようのない激しい恐怖'にしてしまい，さらにそこに理解できない具体物を付け加えて押し込む，こころに毒を盛る貪欲な膣のような乳房もあるのです。

　精神病においては，体質的な破壊欲動——それをビオンは'羨望'と表現しましたが——それがこころの破壊，解体を推進させますが，それだけではなく，意味を剥ぎ取る負の対象としての母親をとり入れることで，内側からこころの破壊が増大していくさまを描きました。それは精神病世界では外界に知覚されるとき，'奇怪な対象群' bizarre objects とも呼ばれます（第6章を参照）。

　嘘をつく人たち（すなわち，後に述べますマイナスKの交流）も，こころに負の現象を増殖させています。嘘という，真実を覆い隠し破壊してしまうものをどんどん増殖させ，こころを荒廃させます。真実というこころの糧を得られないこころは，やせ衰えてしまいます（第10章　Kリンクを参照）。

　真実はことばがなくても存在し続けます。ことばは，それを見出し表わすために使われます。一方，嘘はことばを必ず必要とします。嘘はことばによる虚構であり，虚数なのです。そのため嘘を表わすためのことばが使

われ続けるのです。それは，負の増殖です。使われることばもその意味性を剥奪されていきます。私たちが事象もことばも，何もかも信用できないようにしていきます。

性倒錯という行為の障害，パーソナリティの病も，同様な負の現象を生みます。それは過度な性的興奮によって悲哀感情や内的抑うつを消そうとする試みですが，実際はそれを為すだけでなく，そこに破壊-攻撃性を過剰に持ち込んでいます。そして性的興奮と破壊をブレンドした形でエスカレートさせ，徐々に対象を破壊し，自己も劣悪化していきます。たとえばサドマゾ的性嗜癖はその典型ですし，幼児性愛，同性愛，性器露出等にもそれが認められます。元は性という創造の営みであるにもかかわらず，そこになされるのは，意味を持たない，エスカレートしていく過度な興奮による，劣悪化した破壊物と悪意という感情の増殖です。

'反転できる展望'（反転可能な見方）reversible perspective というビオンが提示した概念があります。このモデルは，「ルビンの盃」，だまし絵の「若い女性と老婆の顔」にあります。ルビンの盃は，ひとつの視点からは，〈さかずき〉に見えます。しかし視点を変えて，さかずきの側面の線を対称物としてたどってみると，それは〈向い合った顔〉に見えます。だまし絵は〈若い女性の姿〉を描いているように見えます。しかし視点を変えますと，それは〈老婆の長い顔〉に見えるのです。

精神分析面接において，治療者は解釈を行うことによって，意味あるものが浮かび上がるように試みます。それがアナライザンドにそのまま受け

図3　ルビンの盃　　　　　図4　若い女性と老婆の顔

取られるなら，つまり同じ図柄を彼/彼女が見るなら，理解されるための基礎がそこに作られます。けれどもこのとき，アナライザンドが治療者の解釈を，治療者の意図したものとはまったく違う視点から受け取るなら，たとえば「私が悪いと責めている。上から，私を非難している」と悪意と受け止めるなら，それは負の効果しかもたらしません。クライエントによって，正が負に変えられるのです。これを思考の倒錯と呼ぶこともできるでしょう。

　ひとつのセッションであるアナライザンドは，あらゆることが苦しくてたまらないと嘆きました。しかしそれは私には，その彼が羨望から回りの人たちのよさに耐えられず，彼らがよいものを見せつけて彼を苦しめていると被害的に体験していると感じられました。私は機会をとらえて，彼はみずからの羨望に気がついていないようであると伝えました。すると，彼は羨望を抱いていることには同意しました。しかし直ちに，私こそが彼が何とか作り上げてきて彼のよさを見ようとすることなく，このタイミングで羨望を指摘することによって彼を絶望のどん底に落とし込もうとしていると，彼の羨望の存在は私の悪意の証拠でした。このように羨望は肯定されましたが，私の視点とはまったく異なった視点から位置づけられました。

　ビオンは，多くの事象が主体のこころに負の側面を持ちうるとも考えたようです。負の♂／♀，マイナスL，マイナスH，負のグリッド，負の成長等を示唆しました。

3．負の乳房：幻覚される悪い乳房・不在の乳房・こころの空間

　これはそもそも，私たちの原始的なこころがそのような体験様式を持っていることをビオンが見出したことに基づいています。

　赤ん坊が飢えているとき，そしてそこに乳房がないとき，赤ん坊は，よい乳房の不在，すなわち0（ゼロ）もしくは・（点）を体験するのではありません。そこに，悪い乳房の存在を具体物として幻覚するという負の体験をするのです。その悪い乳房とは，赤ん坊を（ことばを使うなら，'飢え'という苦痛を感じる）激しい攻撃で苦しめ，破壊し崩壊させる対象な

のです。それは満足，安心感等のよい体験というこころの栄養を提供する正の部分をまったく内包しない対象です。もし飢えが続くのなら，赤ん坊は死んでしまうでしょう。それは，幻覚されている悪い乳房/悪い対象によって'滅ぼされた'との体験になります。負の進展です。これがそもそものこころの働き方です。

ここでの正の進展，つまりいるべき乳房がいない，「不在の乳房」，「よい対象は不在である」という観念は，母親の授乳の好ましい形での反復があり，赤ん坊が乳房がないという欲求不満にもちこたえて初めて生まれるのです。そしてこの不在の認識によって初めて，その不在となり対象が占めていない区域に，**こころの空間が存在する**ようになるのです。こうしてできたこころの空間の存在によって，そこに象徴や思考が発達できる余地が作られたのです。悪い乳房/対象がその場所を占めているとき，すなわちそれらが幻覚されているときには，この空間は発生できませんでした。この「不在の乳房」の体験こそが，こころの発達，思考の発達の根源であり，その痕が「・」であり，「○」となるのです（祖父江 2008 他を参照）。

このように私たちのこころには，事実についての正確な知識という栄養を得て豊かになっていく部分と，意味のないものが溢れて破壊の増殖がなされる部分があるのです。そのことが次の第 6 章を導きます。

ちなみに，・（点）については著書『変形』で考察を深めていますが，「対象が占めていない位置」をマイナス記号で記号化し，＜―・＞とします。患者によっては，現実に目の前にいる治療者を，治療者がいない場所としてみなします。このとき，こころと空間（占めている位置）が共存できないなら，それはその治療者が見えないという負の幻覚をもたらしますし，こころと空間が共存できるなら，そこに不在が産まれる可能性が生じてきます（第 14 章も参照）。

私と面接していたあるクライエントは，目の前に私がいたにもかかわらず，私がいないと負の幻覚を体験しひどく怯えました。それはいるにもかかわらず，まったくいないように振る舞った幼児期の耐え難く怖ろしい母親を分析室の私に転移したからでした。この負の幻覚に気づき，私はそれを解釈していきましたが，それによって彼は，こころと転移空間を重ね，不在の対象としての私/母親にもちこたえていったのでした。

対照的な＜＋・＞は，現実には不在の治療者は，不在の治療者に占められている空間とみなされます。不在が意義を有する事態です。何らかの理由で治療者が予定されていた分析セッションを急遽キャンセルしたり遅刻してしまったとき，この現象が発生し，それが喪失体験をめぐる喪の悲哀が出現する機会になることは少なくありません。

4．グリッドでの負

ところで，思考の発達にかかわるグリッドの縦軸に関しては，負についてビオンは違った使い方をしています。（グリッドについては，第7章で解説します。これからの文はとり合えず読み流して，第7章を読まれて戻られると理解しやすいでしょう）。

それは，たとえば思考の水準が，B.アルファ要素→C.夢思考・夢・神話→D.前概念と進むのは，思考の正の成長です。しかし反対に，D.前概念→C.夢・神話・夢思考→B.アルファ要素と進むのを'負の成長'と呼びました。

この負の成長に向かう能力は，経験が重なりすぎて問題の輪郭があいまいになったときに解決の素朴な見通しを持つときに有用です。これは，童話「裸の王様」の子どもや「コロンブスの卵」のような能力にあてはまりましょう。これは思考の退行を意味しているのであり，ビオン自身も述べているように，羨望のような敵意に満ちた破壊衝動からの剥ぎ取りの'負'とは異なります。

6．パーソナリティの精神病部分と非精神病部分

1．非精神病部分と精神病部分

　ビオンは統合失調症を主とする精神病者の精神分析に取り組み，そのこころのありようを探究しました。そして，こころの内の対象関係をパーソナリティと表現しました。つまり無意識的空想のダイナミクスを表わすものです。それが洗練され構造化されたものが，パーソナリティと社会で認識されるものにあたります。そこに見出したのは，そのこころ/パーソナリティに，'精神病部分'と'非精神病部分'があることでした。

　パーソナリティのこの両部分は，あらゆる人のこころにあるものです。精神病部分は，狂気と呼ばれる思考や感情，行為をもたらすこころの部分であり，非精神病部分は正気，すなわち健康なこころの働きや神経症とされるこころの状態をもたらします。

　ある人物があなたに微笑みます。それが，パーソナリティの非精神病部分によるものなら，それは好意や愛情を表わす象徴的な行為です。しかし精神病部分によるものなら，それは顔面の筋肉の痙攣による心的苦痛の排泄活動なのです（この活動については後で説明します）。

　また，精神病部分と非精神病部分間の葛藤は，宗教的パーソナリティ部分と科学的パーソナリティ部分間の葛藤として記述できるともビオンは言います（1967）。おそらく前者の万能感や一次過程優位に彼は言及しているのでしょう。

　そして実際には，この両者のパーソナリティ部分のどちらが優勢なのかによって，事態は決定されます。パーソナリティの精神病部分がパーソナリティ全体を顕在性に支配している状況が，急性精神病状態です。他方，非精神病部分が顕在的に優勢な場合が，健康人だったり神経症者だったりするのです。言い換えれば，どんな精神病者も非精神病部分を持っていま

す。非精神病部分の存在の事実は，臨床経験でのいかなる患者においても，「自我が現実との接触を保持しているとの事実による」とビオンは言います（1957）。

　精神病者の精神分析による進展は，狂気である精神病から，精神病的正気になることです。その非精神病部分がある程度優勢に機能できているなら，正気の精神病者としてふるまえるのです。その様態は，クリニック外来やデイケアに通う精神病の人たちの一部にあてはまるでしょう。また，健康人も精神病部分を持っています。その部分が非精神病部分を圧倒するなら，狂気の健康人なのです。

　ある60半ばの男性が，家族に連れられ精神科外来を受診しました。風呂場で包丁を使って死のうとしたが，死ねないと家族に訴えたからでした。見ますとこの男性の両腕，両脚，首の両側には包丁で切って出血した赤い線が無数入っていました。彼は自分のために，家族全員が暴走族に殺されるのだと語りました。それは彼が言うには，何日か前に家の近くに捨てられていた車を覗いたからだ。だから自分が死んで詫びるしかない，とも言うのでした。罪業妄想が際立つ急性の精神病性うつ病の状態でした。少なくとも1週間前までは，まったく普通の社会人として彼は過ごしていました。そこに精神病部分が俄然突出してきたのです。この彼には入院してもらい，薬物治療をおこないました。3週後には彼は妄想知覚，罪業妄想といった精神病症状をまったく言わなくなり，「どうしてあんなふうに考えたのでしょうか」と自分自身でもわからないといった風情を見せました。パーソナリティの精神病部分はすっかりこころの奥に収納されたようでした。彼は正気な健康人に戻ったのでした。

　また心身症 psycho-somatic disease でも，そのとおりの「精神-身体病」と，身体に表現されている部分精神病とも言える「身体-精神病」の二種があることもビオンは示唆しました。後者には，醜貌恐怖，心気妄想，中核的摂食障害の急性期が該当するでしょう。

　あらゆる患者において，パーソナリティの精神病部分が分析されないことにはその分析は完成されないと彼は考えました。

　ここで精神病部分の実態と機能を見てみましょう。それが，統合失調症等の精神病の在り方を支配します。

2. メタサイコロジィからみた精神病部分

　フロイトが「精神現象の二原則」論文（1911）に示したメタサイコロジィの視点がここに使用されています。フロイトはこころの無意識部分の原始的な活動を'一次過程' primary process と命名しました。それが精神病部分の活動様式です。一方，パーソナリティの非精神病部分では，'二次過程' secondary process が作動しています。つまり現実原則に従って，現実吟味をなすために細分化した感覚器官を活用し，行為の手前で'考えること'を介在させます。

　パーソナリティの精神病部分は，快−苦痛原則（快−不快原則）に従う，即座の快感のとり入れと苦痛の即座の排出という，**考えること**を欠いた'一次過程'で機能しています。精神病部分では，無意識部分のこころの機能と同じものが意識過程でもそのまま作動していると言うこともできます。それは，考えることが除去された，快感の獲得と苦痛の排除だけを実践するものです。すなわち事態への対処は，**具体物への具体行為**として取り扱われます。

　こころの無意識部分とパーソナリティの精神病部分のちがいは，後者では快のとり入れよりも，苦痛の排出がこころの機能として遙かに活発であることです。この排出活動をビオンは，'投影同一化（という万能空想）'と呼びました。そして，切り刻まれた知覚装置と言語性の思考はばらばらに分裂され，この投影同一化によってパーソナリティから吐き出されるのです。

　この意識的な感知の装置と言語性の思考の取り扱い，すなわちそれらの活用か，投影同一化（排出）かが，パーソナリティの非精神病部分と精神病部分が分岐する地点であるとビオンは言います（1956）。精神病部分は，投影同一化（排出）を使えても，とり入れはできません。とり入れの代わりに，投影同一化が逆向きにたどられます。つまり自己に向けて排出される，視点を対象に移すなら，対象から押し込まれる，対象に侵襲されるという経験の仕方です。

　ビオンが例示したケースは，考えるには，脳ではなく，腸を使用しなけ

ればならない，腸は呑み込めないと答えた精神病者です（1957）。ご存知のように，腸は排泄／排出をなす器官です。この彼においては，思考は考えられるのではなく，ただ排出されるのです。

　たとえば，若い男性において性欲動が内側で衝迫し始めるとき，非精神病部分は，それが満たされるための手立て——異性に接近する，性風俗産業を活用する，マスターベーションをおこなう等——をまず考え，拒絶される怖れ，恥しさ，性病の怖れやお金の心配，罪悪感，卑小感といった不安な思いも抱き葛藤しながら，欲動充足に向かう道を頭の中で試行，すなわち記憶，注意，観念，自問を活用しながら検討し，決断の上，充足の中止か行動に向かいます。

　しかしながら精神病部分は，性欲動が作動するとき，<u>女性性器そのものを胸（こころの具体物）の内に幻視し，激しい興奮を体験します。それと同時に，その女性性器を胸の内に抱く彼を視透かして，「スケベーな奴，死んでしまえ」と奇怪なカップルの非難する迫害的な声を幻聴します</u>。'考えること'が入らない，幻覚での充足と苦痛が体験されるのです。このように幻覚がもたらされるのは，受け取るためと同様に，吐き出すために感覚器官が使われるからです。その幻覚の主たる内容は，こころに置けない苦痛な感情，羨望と復讐なのです。

　このように，どちらのパーソナリティ部分が活動するかで，表出されるものはまったく変わってしまいます。

　ここで少しまとめて概念化するなら，パーソナリティの非精神病はこころの機能であるアルファ機能を活用して思考を考えることができるのに対して，精神病部分はアルファ機能が失敗しているため，思考を物として具体的な投影同一化（排出）で扱うしかできないのです。

3．精神病部分に生じるこころの具体化

　このことは視点を変えると，精神病部分では，知覚を万能空想と幻覚が支配しているとのことが見えてきます。知覚したものに対して，現実吟味が加えられながら考えることに万能空想が勝って，事実であるととらえてしまうことを，精神医学では「妄想」と表記します。つまりこころの内に

おいて観念，思考を使って考えるという‘象徴思考’がなされず，空想される‘具体行為’そのものが幻覚されるのですから，これはもはや外界現実のできごととこころの内にあることとの識別がなくなることでもあるのです。

　つまりパーソナリティの非精神病部分では，文字や数字，抽象的なイメージといった象徴が内界に活動しており，それが外界の具体活動との区別をもたらしています。ところが，精神病部分ではこころの中も具体的なものになるのです。前述した「胸の内なる女性性器」幻覚の様子が，その好例です。

4．統合への破壊的攻撃──連結作用への攻撃

　もうひとつの視点は，非精神病部分が愛情欲動のもとにつながること（その原型が，卵子と精子の結合をなす性交です）を進める，連結／リンキングを重ねて統合を進めるのに比して，精神病部分は破壊欲動のもとに切ること，すなわち，連結を攻撃します。精神病部分は能動的にスプリット（分割）を重ね，破砕による断片化や解体を進行させます。それがもたらすものは自己や対象の断片化であり，排出／投影同一化する自己の小片の弾丸化であり，自己の持つ機能の崩壊です。

　すなわち精神病部分では，さまざまな精神機能が連結しているこころがバラバラになっていきます。精神病部分は現実に気づくことの苦痛に耐えられないので，その苦痛を感じさせる知覚のための機能，思考機能といったものそのものやそれらの連結部，それらを含む自我部分を攻撃し破壊します。そして破砕した小片を攻撃のための弾丸のように使います。

　これまで理解できていた目の前のできごとが見えてはいるのだが，それが何かわからない。ことばは浮かぶが，その意味がまったくわからない。自己の解体のばらばら感が投影されて，「地球が壊れてばらばらになる」との思い。こうした感知の一方で，散った破片を何とかつなげようという防衛的修復の動きが，その機能を落としている非精神病部分から起こります。

　この断片化と修復の両者の合作が，精神病という臨床病態を作り上げま

す。

　「<u>目の前の女が赤いバッグを持っているのは，私がいやらしいことをみんなに知らせるための仕掛けであると一瞬にしてわかった</u>」，「<u>殺すぞという声に脅かされているのは，私が，国の諜報機関の幹部たちがものすごい関心を抱いている重要人物であるからで，それで新聞もテレビも私のことを言っているし，監視しているのだ</u>」といったように，切断された連結が，現実原則ではなく快－苦痛原則のみに従い凝塊（パッチワーク）のようにつなげられます。（ちなみに，この状況の気のきいたパロディは，筒井康隆の短編小説『おれに関する噂』に書かれています）

5．欲動論からみた精神病部分——羨望とマイナスK

　欲動論からみますと，前述のようにパーソナリティの非精神病部分は，生の本能／愛情欲動が優勢な心的状況ですが，精神病部分は死の本能に裏打ちされた破壊欲動が支配しています。その感情表現は，'破壊的な羨望'であり，情緒交流の性質は'マイナスK／－K'です。

　破壊的羨望は，こころの栄養となる愛情や真実についての知識をもたらしてくれるよい対象やその対象とのつながりの攻撃・破壊というこころのダイナミクスの源泉です。なぜなら，対象の持つよいものが瞬時に自分のものにならないという欲求不満，またよいものをもらうためによい対象へ依存していることへの不快を一挙になくそうと，よいものへの強烈な羨望から一挙にそのよい対象の破壊へと直進するのです。結果は，こころの栄養失調，そして死です。

　マイナスK は，事実を知ることの破壊です。正気につながる現実原則に忠実に則っているゆえに，抑うつ感情の必発が不可避な**真実**は破壊され，万能であり全知である**妄想**が信じられます。真実に向けられるべき'好奇心'は，'傲慢さ'と'愚かさ'にしかなりません。

　こうした精神病部分の'破壊的羨望'や'－K'の活動が最も顕著に現れているのは，精神病者のこころにおいてですが，それだけではありません。私たちが精神分析的面接の中にいるとき，相手がどのような病理を抱えたパーソナリティの人であろうと精神病部分が働きます。私たちは面接

でクライエントとつながろうとします（参照：第9章 言語による交わり）が，その私たちに向けられるものは，脱価値化であり，軽蔑や侮り，嘲りであり，怒りや憎しみ，恨みです。私たちの解釈の意味の断裂・破壊なのです。

6．原始的な心的機制の活動──スプリッティングと投影同一化

　精神病部分では，原始的な心的メカニズムが働いています。それはすでに述べたように象徴性が損なわれているこころの中の世界で活動しますので，具体性を帯びています。乳児に見られるような原始的な機制はもっぱら，スプリッティング，とり入れ，投影からなっています。しかし前述したように精神病部分ではとり入れの活動は極めて弱いものです。一方，具体的なスプリッティングから激しい断片化，粉砕，そして具体的な投影同一化である排出や侵入が活性化しています。

　精神病部分におけるスプリッティングには，ふたつのダイナミクスが認められます。ひとつは，受身的なスプリッティングです。これは内なる破壊欲動の暴発によって，みずからが壊れていく，ばらばらになるという破局的感覚のもとに起こるものです。こうして断片になってしまうのは，受動的な体験なのです。

　もうひとつは，積極的なスプリッティングです。これはすでに述べたように，現実を認識することやそれがもたらす悲哀の感情を憎むために，現実認識をもたらす器官や機能そのものや機能間の連結を壊すという，能動的になされる断片化，粉砕なのです。そこには受け容れがたい自己部分を破壊し排除することも含まれます。

　'解離'が，たとえるなら水晶や大理石のように石が構造化している結晶の線にそって割れる，つまり未熟なものながら言語性思考を基底に置いて規則性を保持して分かれるのとは異なり，スプリッティングは，結晶のような自然な区分線（言語性思考）に対抗したり無視したりする分断を引き起こすものです。このため，考えるための意味が奪われます。これらの粉砕がエスカレートすると，断片はほとんど知覚しがたいほどの微細な小片になってばら撒かれてしまいます。それによって起こる現象は，'目に

見えない幻視’です。「部屋が青い」とか「視界にもやがかかっている」と表現されたりします。

　こうしてこころの中の体験は考えられるものではなくなり，具体的に扱われるものでしかなくなります。つまり，それは外界で私たちが机や椅子を動かしたり，粉を撒き散らしたり，呑み込んだり，排便をしたり，排尿をすることのように，です。

　また，ことばは投影同一化によって，物として取り扱われるか，それを治療者の中へと力ずくで押し入れる病者自身のスプリット・オフした部分として使用されます。さらに，ことばは行為の様式として，対象を分裂されるためにも利用されます。ある統合失調症者が「私が同時に二つのボタンを押したとき，エレベーターは何をすべきかをどのようにして知るのでしょうか」と言って，治療者に同時に二つの正反対の解釈をさせて，治療者をスプリットさせようとしたことに言及した例をビオンはあげています。（統合失調症の理論についての覚書1953）

7．投影同一化と対象

　このようにしてスプリットされた部分——小片は，排出され凝塊化している対象に押し込まれ（洗練された表現では，投影同一化され），微細な対象群にされます。このとき，その自己部分が対象を呑み込むときも，逆に対象に呑み込まれるときもあります（これも，‘コンテイナー／コンテインド’・モデルの一例です）。

　対象に呑み込まれている事態では，自己部分は対象の中に閉じ込められ，その自己部分を含んだ対象はその自己部分の含む機能を操って，‘奇怪な対象群’bizarre objects となって，そもそもの本体である自己に外部から敵対してきます。一方，本体である自己にとっては，排出した自己部分やその機能は失われます。

　上述とは逆に，排出された自己の一部が対象を呑み込んだときには，その対象は呑み込まれたことに激怒し膨張し，自己の一部を破壊的に排出します。こうして対象を部分的に含み込んだ自己の一部は本体の自己に投影される，すなわち侵入的に押し込まれます。この結果が，たとえば，「私

のおなかが痛いのは，私の知らない間に誰かによって，おなかに何かの機械が入れられていて，その機械が痛みを感じるようにさせている。この痛みは，もともとの自分のおなかからの痛みではない」との発言になる体験様式をもたらします。ここでの「何かの機械」は，排出された自己部分を含む'奇怪な対象'です。

　このようにとり入れの原始的具体形である'呑み込み'/体内化 incorporation は，対象において呑み込むか呑み込まれるという Ps 水準で体験されており，自己の能動性のもとに働いているのではありません。本体である自己では，述べてきたように，排出という原始形態での投影がもっぱらなされ，本体の自己に，一度排出された自己が戻ってくるときには，とり入れられるのではなく，（対象によって）投影される，対象が侵入してくると体験されるのです。このように投影/投影同一化は過剰であり，その結果，普通の体験ではとり入れでありえるものも，投影の体験となるのです。

8．思考の具体化としてのベータ要素

　パーソナリティの精神病部分での，考えられず具体的に扱われるしかない原始的な思考・考えを，ビオンは'ベータ要素'と呼びました。思考が物と区別されず，そのためこころがあたかも，ものを動かす筋肉であるかのように働くことになる種類の思考です。それは考えられず，排出や呑み込みと具体的に扱われるだけなのです。ですからたとえて言うなら，生物と無生物の中間物で狂牛病の病因とされている'プリオン'のような原始思考なのです。一方，ベータ要素より成熟していて考えられるものになる原始思考を'アルファ要素'と呼んでいますが，この要素については次の章でくわしく述べることにします。

6．パーソナリティの精神病部分と非精神病部分

表5　思考のアルファ要素とベータ要素（表2を再掲載）

アルファ要素——	こころに置いて考えられるもっとも原始的な思考。視覚，聴覚，触覚等からの要素とつながっているがことばにならず，意味ある音として伝達できない考え。 思考としてこころの中に貯蔵され，考えられる。
ベータ要素——	こころに置かれるとしても具体物であるため，考えられず，具体的に操作するしかない思考の未然型。こころによって消化されていない事実。もの自体。 考えられるのではなく，具体物として操作される。

　精神病部分が支配しているこころでは，このベータ要素，カントの用語を援用すると「もの自体」があふれています。（感性によって感知できる表象を悟性でとらえたものが現象であり，その背後の本体としての'もの自体'は不可知である，とされます。極端に簡潔に言うと，ものの概念は私たちの内で考えられる，つまり思考操作できるが，'もの自体'はその個物の中にあるので考えられないということです）。

　前にあげた例（p.45の下線部）を使うなら，'性欲'という概念は，その統合失調症者にとっては'胸の中の女性性器'という具体物です。また，性欲への恥ずかしさという彼の思いは，「スケベーな奴，死んでしまえ」と非難して苦しめる無数の迫害対象からの弾丸として浴びせられる，幻の声に具体化します。ここでは'恥ずかしい'という対象との間に感じる萎縮の思いは，もはや自己からは排出され，撒き散らされます。それが次には，無数に粉砕化された対象たちからの殺人的弾丸攻撃として押し込まれてきます。この対象たちは，ベータ要素なのです。ですから，こうした幻声から逃れるために，私が診ることになったある統合失調の男性は，幻声が圧倒してくる大阪から福岡に急遽移り住みました。彼にはその非難してくる幻声は，引越しという具体的な行為によってしか扱いようのないものであったのです。

　もうひとつの赤いバッグに反応した男性（p.47下線部）を見てみましょう。'赤いバッグ'は'仕掛け'そのものなので，彼はそれを，どうして赤いバッグについてそう思うのだろうといったように考えることはできません。そのバッグという個物は不可知なので，考えられないのです。そこから離れるしか方法はないのです。これが'赤いバッグ'がもの自体，ベー

タ要素であるということです。「殺すぞ」という声を発している対象たちがベータ要素であることは，前述した対象と同じです。

9. 奇怪な対象群　Bizarre Objects

表6　奇怪な対象群 bizarre objects の構成

ベータ要素＋破壊欲動＋「超」自我痕跡＋自我諸機能＋現実の断片対象

　ところで統合失調症者においては，その女性の'赤いバッグ'，「殺すぞ」という幻声の人物たちの背後にはたとえば'国の諜報機関'という，やはり思考操作できない組織が存在しています（p.47下線部を参照）。つまり，やはり《ベータ要素》です。この'国の諜報機関の幹部たち'は，もともと迫害的で不気味なものです。監視していますし，「殺すぞ」と脅かしてきます。（特別な能力を持つ彼への）破壊的羨望とも言える《激しい攻撃性，破壊欲動》を含んでいます。監視し脅かすのは，残忍で冷酷な《「超」自我痕跡》です。それは，話しかけたり見たり聴いたりという《自我諸機能》も含んでいます。そして国という実在の組織である現実のもの《現実の断片対象》ともされています。

　すなわち，'国の諜報機関の幹部たち'は，《ベータ要素》＋（投影／排出された）《破壊欲動》＋（やはり，投影／排出された）《「超」自我痕跡》＋（やはり，投影／排出された）《自我諸機能》＋《現実の断片対象》が不気味に凝塊化して成り立っています。この対象を，ビオンは'奇怪な対象群' bizarre objects と名づけました。ビオン自身が提示している奇怪な対象の例は，聞き耳を立て監視している'蓄音機'（レコード・プレイヤー）でした。

10. ベータ幕と夢の不成立

　こころでのベータ要素の凝集物を'ベータ幕（ベータ・スクリーン）'と呼びます。ベータ要素はもの自体である具体物なので，それらはお互いに結合する力を欠いていて，そのモザイク的な凝塊'ベータ幕（ベータ・

スクリーン)'は，その結合壁に不具合な隙間を作ります。また，ベータ幕には，治療者の情緒を喚起する能力があるとビオンは言います（1962）。それはアルファ要素が，考えられる思考の連結──増殖するにつれてまとまるもの，まとまり方によって，語りの外見や論理や幾何学性に並べられる──であるゆえに，それによって'コンタクト・バリアー（接触障壁）'というある程度の透過性はあっても遮ることができるこころの*濾紙的な壁*となって，考えることができるもの（意識化できるもの）と考えられないもの（意識化できないもの）とを区別できていることとは対照的です。ベータ幕では，コンタクト・バリアーでは意識化できないものであるものが意識に突出してきます。それらが治療者の情緒を喚起するのです。

　このベータ幕や接触障壁についてここで伝えておきたいことは，精神病部分はアルファ要素ではなく，ベータ要素を産出し，その結果ベータ幕を作りますので，**夢が見られなくなる**ということです。意識と無意識の境界が，ベータ幕では崩れてしまうためです。夢が現実の具体的な出来事として体験されるといってもいいかもしれません。夢は象徴機能が使われてはじめて夢思考が意味を作る，ほんとうの意味での夢として成立します。ですから，夢の成立にはアルファ要素が不可欠ですし，それによる接触障壁が半透膜的に意識と無意識をほどよく区別するのとは，ベータ幕の凝塊壁が引き起こす結果はまったく違ってしまうのです。

　言い換えると，夢ということでベータ要素水準の思考の精神病者に起こることは，夢は，起きている間にとり入れられた素材の排泄にすぎないとのことです。そしてそれに加えて，その夢が非常に微細な断片化された素材からできているために，目に見えない視覚性の幻覚（'見えないものの幻視'）に類似し，精神病者は夢を見ないととられるのです。

11．幻覚症における変形

　ビオンはパーソナリティの精神病部分の特徴的な変形作用として，'幻覚症における変形' transformations in hallucinosis を述べました（「第14章変形」も参照）。
　幻覚症についてビオンは，欲望，そしてそれと同じ価値を持つ記憶が作

動しているときであると言います。欲望は物事の未来の方向であり，記憶は物事の過去の方向です。矢印はベクトルといった数学での方向の概念を念頭に置いています。ですから，$\overleftarrow{欲望}$と$\overrightarrow{記憶}$はそれぞれ，本来向かう方向とは異なる方向付けが起こっているものです。前者は，起こってしまった未来の出来事を指し，後者はまだ起こってないので「思い出している」とは描写されない出来事を指します。すなわち，'幻覚される'のです。

　すでに述べましたように，奇怪な対象群が「超」自我痕跡を含んでいることに現れているように，精神病部分は硬直したモラルを判断の拠り所にしています。**この道徳的な衝動が非常に原始的なそれである**ことをビオンは見出しました。こうして関係は，正邪，優劣，競争の視点で認知されます。そのため，提示されたものや見えているものをそのまま認識することを拒否し，みずからの優越に基づいたモラル的判断からとらえます。このために'反転できる展望/見方の逆転'reversible perspective が使われます。前述したように'ルビンの杯'（p.38）では，「さかずき」を見ることも，「向い合うふたりの顔」を見ることもできますが，治療者は言わば，「ふたりの顔」を提示しているところに，精神病部分はあえて，「さかずき」を見るがごとくです。

　さらにこの活動の一環として，感覚受容器の機能の逆転も起こります。視覚器官や聴覚器官が，目に入るものや音をとり入れるのではなく，内に持つイメージを外界に投影（排出）することをなします。つまりその方法を使って，硬直したモラルに沿って，認知される外界を広範囲に変容させるのです。こうして精神病部分に好ましい世界が創作されます。

　統合失調症のある男性は女性治療者との間で，誇大感を交えて治療に攻撃を向けました。そうしたあるセッションで，治療者はやがて退職することを伝えました。すると彼はいったん神妙な顔つきになり，残りの時間の大切さを語りました。しかしそれは続きませんでした。彼はすぐに治療者を見て笑い出し「赤ちゃんみたいだ」と言い始めました。そしてさらに「そうそう，あなたは赤ちゃん。しっかりしてください」と語りました。しかし，その面接の終わりに彼こそが無力な赤ちゃんのように自分自身を感じていることを治療者が解釈していったところ，彼は否定しましたが，帰りには「赤ちゃん，赤ちゃん」とつぶやきながら退出しました。

ここには別れという事態への無力感の具体的な視覚像である「赤ちゃん」が治療者に向けて排出され，彼のモラルに沿った優劣のある権力的上下が逆転され，彼が上に立つ関係が固定化される試みがあります。

12．思考を考える

ビオンはコンテイナー/コンテインド・モデルを用いて，'思考'と'考えること'を検討しました。考えることというコンテイナーに，思考というコンテインドが置かれるということです。ですから，ここでいう思考とは，観念，概念，数字，記号，さらには表意文字のようにイメージを含むもの，あるいはアルファ要素やベータ要素のように意識化されえない思考を含みます。この思考が精神病部分では，ベータ要素や表意文字のような抽象化のない，もの自体に近い具体水準の思考に向かうことは述べてきたとおりです。

ただ思考と考えることの関係については，もっと精密に理解する必要があります。なぜなら精神分析のめざすところは，（みずからの）事実を知ることであり，この知ることをなし遂げるには，思考や考えることの関与が不可欠だからです。言い換えますと，精神分析の展開は，思考と考えることがどのようになっているかを知ることやそれを進めることでもあります。次の章では，この作業に入りましょう。

7．考えることとグリッド

1．考えることと思考

　「こころに響くことば」といった日常によく耳にする表現にあるように，ことばがこころに染み入り，こころを変容させます。精神分析は，そのことばを使います。ビオンが「私たちは，自分自身のことばを何とか創り出さねばならない」と述べたのは，こころに響く，そしてこころを変容させうる，借りてきたものではない自分のものになったことばを保持することの大切さを言おうとしたのだと思います。あらためて言うまでもありませんが，精神分析は，こころの理解を深めていく方法であり，それには，アナライザンドによる連想の言語化，そしてそれに対応する分析家の解釈というように，常に話しことばが介在します。そしてその話しことばはもちろん，考えや感情，感覚を含み表わしています。ですから，私たちが的確なことばを使うということは，みずからの中で考えや感情を的確に概念化しておくことがその前提なのです。

　そのことばの素である思考を，精神分析経験からビオンは検討しました。そこでは，思考が始めに在って，それが'考えること'という考えるための装置の発達をうながすと知りました。つまり，**考えるから，考え／思考が出てくるのではないのです。考えられない思考がそもそも初めに在って，その促がしによって私たちは考えることになり，それによってその思考を理解するのです。**

2．原思考

　飢餓にあるとき赤ん坊は，求められているにもかかわらず満足を与えない乳房を視覚化することでしょう。この乳房は，赤ん坊のものにならない

でじらしているので，悪い対象です。この赤ん坊に求められる悪い対象は，実在していません。赤ん坊の内的世界のものです。これが，'原思考'なのです。

この悪い対象/原思考は，苦痛を与えてくる悪いものなので，取り除かれるべきです。ここで赤ん坊によって，ふたつの方法が取られます。ひとつは，回避です。その場合はパーソナリティの欲求不満を回避する衝動によって，このじらす悪い対象，原思考は増加した刺激として，ベータ要素，もの自体として運動放出によって赤ん坊から排出（投影同一化）されます。赤ん坊は泣き叫び，手足をばたつかせます。もうひとつは，修正です。この場合，赤ん坊のパーソナリティでは欲求不満を修正する衝動が優勢であり，対象である原思考を考えることによって解決されます。このとき原思考はアルファ要素なのです。

3．不在の乳房と思考の出現

いささか繰り返しであるとともに，まったくテキストブック的な形になりますが，ここに乳房の不在と思考の発生との関連を示してみましょう。

＜乳房の存在＞
当然のことながら，赤ん坊は欲望します。たとえば，赤ん坊は飢えます。それは，飢えを満たす何か/前概念としての乳房を欲望させます。そのとき母親から乳房が提供されるのなら，＜乳房の存在＞があるのなら，乳房という現実と，赤ん坊の前概念/空の思考/先験的知識はつがい，**概念が生み出されます**。ビオンのことばをそのまま使えば「概念は満足という体験と常時連接する」のです。

ここでのポイントは，概念は生まれますが，考えるための装置（考えること）は生まれないか，刺激されないことです。つまり知識を持ち，増やすことはなし遂げられますが，それらを使って考えることは求められません。

<乳房の不在>

赤ん坊は飢えて欲望します。しかしそこに母親から乳房が提供されないとき，欲求不満という苦痛が発生します。その欲求不満は，悪い乳房——赤ん坊を飢えという苦痛で攻撃してくる乳房/ベータ要素——を幻覚することとして体験されます。破局の事態です。

ここで赤ん坊の体験の筋道が3通りに分かれます。

1. この欲求不満に**圧倒**されるとき。このときには赤ん坊は，幻覚する悪い乳房の攻撃に破壊され，崩壊します。解体-破滅に陥ります。泣き叫んでいた赤ん坊が急に脱力しぐったりとなって無生物のようになっている事態を思い浮かべてみてください。
2. この欲求不満を**回避**するとき。赤ん坊は万能空想に浸ります。その空想は，授乳してくるよい乳房から貪欲に吸収し，悪い乳房は破壊して排出するというものです。この場合には，すべての思考が，内的な悪い対象/もの自体と区別できません。赤ん坊があたかもお乳を吸っているかのように口を動かし，その一方で尿や便を排泄しているときがこのときです。
3. この欲求不満にもちこたえるとき。欲求不満の**修正**が起こります。すなわち'負の現実化'が起こります。前概念が欲求不満とつがう——赤ん坊の乳房への期待が，充足のための'ない乳房'no breast が手に入るという実感とつがう——ことによって，**思考が発生**します。この思考とは，'ない乳房'，あるいは内部にある'不在の乳房'というものです。

　　この原始的な思考は，それを考えることを求めます。つまり，'考えること'という**考えるための装置を発達させる**のです。それによって'ない乳房がある'，と赤ん坊は考えられるようになります。これは幻覚によって悪い乳房が占めていた場所——それは悪い乳房が幻覚されるのですから，外界のように体験されている場所です——を，思考であるない乳房が占めるのですから，そこに**空間**（・）——この空間は内的な空間——が出現します。（このようにして内的空間——自由に考えることが可能になる空間，一方では全能全知という無限大を

限る空間――が成立するとビオンは考えました）。

　さらに考えられ，'乳房がない'という思考の連接に修正されます。正確に言うと，'今は乳房は不在である'との思考の連接です。こうして時間が出現します。（空間と時間が成立することは，［無限大，無時間の無意識から意識が区別され］思考を意識化する準備が整ったことです。）

　この3番目の過程が，健康なこころの発達であることは述べるまでもありません。乳房の存在は体験できても，乳房の不在にもちこたえられないのなら，1番目の過程に終わっているのなら，そこでは考えることが壊滅的に損なわれています。もの自体としての概念はこころの備品としてたくさん蓄積されていても，現実を検討する/真実を把握するためには使われません。そのため後年耐え難い欲求不満が生じるなら，それに幻覚で対処するという精神病状態に至ります。

　2番目の過程に終わっているのなら，考えることよりも万能空想が欲求不満の対処に使われます。病理が深いほど，投影同一化という排出のための万能空想が多用されます。その結果はパーソナリティ全体の深刻な損傷です。後年欲求不満に耐えられないとき，考えることではなく，不快な悪いものの排泄がこころのおもな活動となります。さまざまなパーソナリティ障害，嗜癖，性倒錯といった病態に顕著に見られます。

4．体験と思考

　私たちは，感知した体験――現実の客観的経験と感情や先入観（前概念）に色づけされた空想や想像が作る主観的経験の混ざり合ったものがここでの「体験」です――を，おおよそ何らかのことばにして，もしくはアルファ要素としてこころに保持しています。それが記憶であり，それは脳に器質的な損傷や劣化が発生しない限り，忘れられていること（つまり，無意識に置かれていて，機会があれば何らかの形で想起されうること）はあっても，喪失されることはありません。さて，このようにその体験を私たちの内側，すなわちこころの中に保持するためには，**外部**に知覚されているこ

とやものそれら自体（すなわち，それらについて知覚装置を通してその人物が得た感覚データ，もしくは感覚印象）が，私たちの**内部**に置かれるものに必ず変形されねばなりません。その変形されて内部に置かれているものが，**思考**なのです。

　この変形ができないものが，'ベータ要素'です。ですからその見地に立つなら，ベータ要素は思考ではないと言えます。前思考，すなわち外部の'もの自体'なのです。それは，こころに置かれませんから，考えたり思ったりできません。ビオンが「じゃがいもは，歌われない」（変形1967）と言ったのはこのことです。外部にあるもの自体としてのじゃがいもは，「成長したり，抜かれたり，食べられたり」はしても，それが歌われるためには，変形されて思考として内部に置かなければなりません。そして，ベータ要素以外のアルファ要素，夢，前概念，概念・・とグリッドの縦系列（グリッド表は，p.69に掲載）に並べられているものが，思考にあたります。

　「雨」を例にあげてみましょう。

　窓の外に，大粒に降りしきる雨が見えます。「ああ，雨だな」と思います。前意識的か意識的に「あめ」ということばをどこかに思い浮かべて，私たちはそう思うでしょう。「rain」もしくは「レイン」と思い浮かべる人もいるかもしれません。それらの'概念'水準の思考に，私たちは私たちの内部で変形しています。「雨」という文字を思い浮かべているなら——まさに，概念ですが——'表意文字'水準での概念（ひらがなの「あめ」より抽象度の低い概念）です。さらにそこから，「梅雨」，「驟雨」を考え始めているのなら，'コンセプト'水準の思考に変形しています。

　さらに私たちが雨の成分としての水の成分「水素と酸素の合成」を考えていくなら，私たちの行なっている変形は，'科学的演繹システム'水準の思考です。もっと進めて「$H_2O + \alpha$」として化学式でとらえようとするなら，'代数計算式'水準の思考に変形しています。

　さて，実際に降っている雨に対しては，上述したように思考に変形しないなら，私たちはその雨に濡れるか，濡れないかしかできません。それはもの自体，前述した'ベータ要素'です。ですから，私たちにできることは雨をよけるかよけないかなのです。しかし一方，「ああ，雨だな」と概

表7　思考と象徴

象徴系列の水準	文字系列の水準	思考の水準（グリッドに従う）
（外界）事物（具体物／もの自体） 象徴等価物（具体象徴） ↑外界のもの		ベータ要素
↓内的世界のもの（こころの中のもの）――考えられるもの		アルファ要素
	表意文字	
象徴イメージ（イマーゴ，表象）		夢思考・夢・神話 前概念
抽象的象徴（記号）	表音文字	概念・コンセプト ・科学的演繹体系・計算式

念化した雨は，「大きめの傘をさせば，あまり濡れないな」と考えることができる思考/概念なのです。

　ヨチヨチ歩きの幼子が外の雨を指差して，「あっ，あっ」と感動した様子で母親に示します。このとき，幼子はことばこそ使えませんが，雨が何たるかは知っています。幼子のこころではそれはある何かとして特定されています。すなわち変形されて内部に置かれています。'アルファ要素'水準の思考を使っているのです。

　外の雨を見ながら私たちが，子ども時代の雨に降られたある情景を思い出しもの思いにふけったり，ある映画の雨が印象的な場面を夢想しているなら，'夢・夢思考・神話'水準の思考に私たちは変形しています。

　こうして，年齢を重ねていく私たちの内には，思考が膨大に蓄積されているのです。そしてその思考は莫大な量の体験，感情，思考，空想，そしてそこに必然的に内包される対象関係を収めています。このような決定し蓄積してきた思考を使って，私たちは他者に考えや感情や感触を表現したり交流したり，あるいは，自分自身の中で考えたり感じたりしているのです。

　精神分析の場面ではことばが交わされます。もちろん，それだけではありません。ことばにならない想いも漂っています。こころに置けない感情

や感覚, 思考が排泄されています。後者は技法論的視点から'エナクトメント'と呼ばれています。ことばにならない想いがなんらかの行為として表されるのなら, それは'行動化', なかでも'アクティング・イン'と言われます。

いずれにしてもアナライザンドが持ち込んできた苦悩の体験, それは彼らによってある思考としてことばで表現されたり, 表現されずに行為で再現されるものです。その体験を私たちは味わい, 私たちが発する解釈のことばによって伝えます。このときの私たちのことばは, アナライザンドの体験の性質や水準を的確に押さえたものであり, それを情緒的に体感させ, それまでの（たいてい誤って概念化されていた）思考を, その体験の実態に合った思考に変容させるものであらねばなりません。分析家によるこの解釈を「変容惹起解釈 mutative interpretation」と呼ぶのです。こうしてアナライザンドのその体験は, 彼らのこころの中のふさわしい場所に落ち着くのです。そしてそれをなし遂げるために, 私たちが思考について学ばねばならないことがたくさんあります。

5. アルファ機能

ところで, すでに述べましたように, 外部に知覚されているもの, 目や耳や口や皮膚という知覚器官から得られるその感覚データ（感覚印象）を, 私たちの内側に貯蔵され考えられるもの——原思考であるアルファ要素——にするためには, それをなし遂げる精神機能が私たちに必要です。また思考は, '考えること'という心的空間をなすコンテイナーのもつ機能を通して, 原思考から発達-成熟的に変形されていきます。ここにあげた精神の機能をなすのが, 'アルファ機能'です。

精神分析臨床において認められる, 分析家の解釈によってアナライザンドが言語的洞察を得ていくとの事実を理解するには, 機能の理論を導入する必要があり, アルファ機能をビオンは導入しました。

そうした機能をこころが持つことを想定することによって, 「理論と観察の溝に橋をかけることができる」。このため, 「アルファ機能という用語は, 意図的に意味を欠いている。……この無意味な用語の目的は, 数学者

の変数すなわち或る値を代入でき，それを使うと値を決定するのに役立つ未知数に相当するものを，精神分析的な探究に供給することである」。「アルファ機能という用語に値を与えることが精神分析の課題であり，他の方法では達成できないものである。その位置づけは……精神分析の要請にかなった抽象システムの必要性に応えるために用いられる未知の変数というものである」（経験から学ぶ 1962）とビオンは考えました。

たとえば，眠って気づかぬ間に誰かに動かされたため，寝入った時とは異なる，まったく知らない別の部屋であなたが目を覚ましたとしましょう。そこで天井を向いて目覚めたあなたの目には，何かわからないものが見えるでしょう。それはその瞬間視覚的には知覚されていますが，そのときにはその模様は，見えているだけの何かわかりようのない，とらえようのないそれです。これが感覚データです。そのとき，あなたはひどく不安になります。次の瞬間あなたは，見えているそれが何なのかをわかろうと試みます。すると，ことばにならないながらも，ひとつのまとまった視覚イメージのようなものとして把握できるようになります。そして次の瞬間に高度な認識が進みます。あなたは安堵しながら，「ああ，これはどこかの部屋の天井板の模様だ」と気づくのです。この認知の背後に，アルファ機能が働いています。

統合失調症に特徴的な精神病理に'自明性の喪失'があります。それは，日常で当たり前のはずのものが何かわからない，見えているものや浮かんでくるものの意味がわからなくなってしまう事態です。たとえば「入門」とか「セルフサービス」とかの文字といった感覚データは得ているが意味がまったくつかめないのです。これは，アルファ機能が傷害されている事態です。「アルファ機能の失敗は，点・線・空間の心的視覚像の欠如を含む。つまり，心的空間の作図がなされない。このため，その中に投影できるためのコンテイナーという概念が形成されない」（注意と解釈 1970）とビオンは表現しています。

ちなみに，これらの思考にかかわるビオンの発想はどこから来ているのでしょうか。彼が大学時代に学んだカント哲学が寄与していることは，前概念，もの自体という用語からも明らかです。しかしアルファ機能やアルファ要素という概念には起源があるのでしょうか。それには，ビオンが子

ども時代をインドで過ごしたことがヒントになるようです。

　4世紀にインドで一時代を風靡した大乗仏教「解深密教」に'唯識論'があります。「世界はすべて思惟によって構成され，思惟を離れて外界は存在しない」というものです。ベータ要素は唯物世界であり，アルファ要素以降の思考は唯識論の世界と言えます。唯識論では根源の識，つまり意味・記号が生まれてくる深層に'阿頼耶識'（あらやしき）があると考えました。アルファ機能と似ている考え方です。そしてそこにものがわかるようになるための前言語の種子（しゅうじ）が発生します。アルファ要素が連想されるものです。しかしこの思想はもっと遡られるものなのです。インドのサンスクリット哲学を基底としたヒンドゥー教の聖典「マハーバーラタ」は紀元前後にできたと言われていますが，その中に'ブッディ'というこころのもっとも深層部の働きである「根源的思惟機能」が語られています。これが阿頼耶識の原思想のようです。つまりアルファ機能の発想はここに遡ることができそうです。ビオンがどこまで意識化していたのかはわかりませんが，彼の独創的な発想の根源にはこうしたインド哲学からの叡智が置かれていたとは言えそうです。

6．経験から学ぶこと

　私たちが経験から学ぶためには，私たちの内側に意識的無意識的に操作できる思考が蓄積される必要があります。すなわち，アルファ要素という蓄積できる原思考は，アルファ機能の働きによって生成され，それがあって経験から学ぶことができるのです。ビオンの表現をそのまま提示すると次のようです：

> 「アルファ機能は，患者が気づくあらゆる感覚印象と情動に作用する。アルファ機能がうまく作動する場合，アルファ要素が産出される。……情動的経験の感覚印象を意識的思考，夢思考に利用できるようにする……経験から学ぶためには，アルファ機能が情動的経験への気づきに対して作用しなければならない。」
> （1962）

アルファ機能が働くなら，感情の感覚データはこころの中に置かれるアルファ要素に変形され，それから認識され意識されうる思考へと進展し，言ってみるなら，「空腹だ」，「眠い」，「悲しい」，「羨ましい」といったことばにされるのです。

ここにひとつ付け加えておきましょう。「アルファ機能は，幾つかの因子からなる機能と一致し，自我の機能を含み，感覚素材をアルファ要素へと変形する。また，アルファ機能は構造，つまり接触障壁を産出するひとつの心的装置とみなされるかもしれない」とビオンは言います。ここでは，こころの機能がこころを構成する装置としても位置づけられうるということが述べられています。この機能が装置でもあるという見解は，精神分析理論では無意識や自我といった概念についても認められます。

精神分析場面において，アナライザンドはことばやふるまいによって考えや思いをその空間に排出します。それを分析家はみずからの中にとり入れ，分析家自身のアルファ機能を使って，その意味をつかみ，ことばによる解釈で伝えます。そのモデルは，話すこともできない赤ん坊に対応している'母親のアルファ機能'にあります。それがあって初めて，赤ん坊は思考を生成し成熟しうるのです。しかしこのテーマは，第2部第11章母親と乳児の関係についてのモデルにおいて，もの想いやコンテインメントとも関連づけて述べることにしましょう。

7．アルファ機能の障害

ビオンは母親のアルファ機能の障害を，'アルファ機能の逆転 reversal of alpha-function'として表しました。アルファ機能が正常に働くのなら，アルファ要素が生産され集合し，接触障壁という考えられるもの（意識化でき思考操作できるもの）と考えられないもの（感覚データとして知覚されるも考えられないもの）とを分け隔てる境界壁を形成します。けれども，アルファ機能の逆転においては，アルファ要素を壊し，その結果接触障壁を壊すため，思考として扱えない具体物である，奇怪な対象群やベータ要素を生み出します。後にケイパー，R（1997）は，'反アルファ機能'という用語で，無意識の空想を妄想や幻覚に変える，精神病性障害を引き

起こす機能を述べています。

　私には，乳児の未だ理解しきれない体験や知覚に，'誤った概念 misconception'（Money-Kyrle, R. 1968）を付与するというタイプの母親のアルファ機能の障害もあるように思えます。

　例をあげてみましょう。乳児は泣きわめいて，ある苦痛な感覚をこころから排出しています。それは，大人のことばを使うなら，飢餓感です。その子に対応している母親がその様子を，（飢餓とは理解できず）乳児が寝むずがっていると推量し，むずがる乳児を寝かせようと試みます。しかし当然ながら飢えている乳児は泣きやみません。乳児はさらに飢えの苦痛を感じ，もっと激しく泣きます。母親は乳児のこの様子が苦痛になり，乳児を脅し叱ります。一方乳児はますます泣きわめきます。この相互攻撃の戦いはしばらく続きます。やがて疲れ果てた乳児はぐったりとなって眠ってしまいます。「死んでしまう」との破局の恐怖に圧倒されながら。

　この事態が繰り返されるのなら，乳児の飢餓感は，アルファ機能を持つ母親によって眠気という誤った概念を付与されます。さらにときには，破壊的な憎しみや死の恐怖という感情と連結されます。このような誤った概念をもたらす母親のアルファ機能があります。あるいは，たとえばうつ状態や強迫状態の母親に見られる，乳児の投影/排出にとても乏しい反応しかせず，ほとんど概念を与えない母親の貧弱なアルファ機能があります。これらを私は'歪んだアルファ機能 distorted alpha function'と呼んでいます。

8．思考の成熟水準とグリッド

　ことばは，さまざまな成熟水準の思考から成っています。すでに述べたように，ここで言う思考とは，観念，概念，数字，記号，絵文字（表意文字），意識されないアルファ要素やベータ要素等を含みます。ですから，面接の中で話されることばがどの水準のことばなのかがきちんと識別されることは大切なことです。それが，ふたりの言語による交流のずれや調和を把握するのを助けてくれます。

　あるクライエントが，「暗い海に4と9という数字が漂っているのを眺

めている」という夢を報告しました。彼はそれについては何も連想しませんでした。その夢に耳を傾けていきながら，私は考えていました。夢思考水準で私は，'抑うつの中での死／4と苦／9の思いにはまり込んでいること'を連想しました。また，彼との分析が'4カ月目'にあることも連想しました。さらに，'四苦八苦'という成句も連想しました。4にまつわるこれらの私の思考は，その成熟水準が異なっています。どれがもっとも彼の思考と同じ水準なのでしょうか。それを知るにはどのように頭を整理したらよいのでしょうか。

　その整理の枠組みを提示したのが，**グリッド**です。ビオンはグリッドという思考の整理棚を考案しました。加えて，その思考がどのような方策で使用されているかもわかるようにしました。

9．考えることと思考，再び──コンテイナー／コンテインド

　グリッドに進む前に，本章の始めに戻り，考えることと思考の関係をもう一度見ておきましょう。

　私たちは思考を使って考えることを当たり前だと思っていますが，その関係をコンテイナー／コンテインドの関係としてビオンが見たのは述べた通りです。そしてそこにコペルニクス的発想の転換を持ち込んだのでした。

　一般に理解されているのは，コンテイナーである'考えること'が，コンテインドの'思考'を発達させる，つまり考えることで考え（思考）が進む，発達するという両者の関係です。ところが彼は，そうではなく，コンテインドである'思考'がコンテイナーである'考えること'を促すという理解を見出したのでした。すなわち'思考'が存在しているために，もっと言えば，'思考'が発達しようとするために，考えないではおれなくなるのです。成熟したい思考が考えることを作動させる，とのことです。

　ここには発達し成熟することにまつわって，子宮がその内に胎児を育むというコンテイナー／コンテインド関係より原初的な，収まる卵子を目指して精子が向かうようなコンテイナー／コンテインド関係が想定されています。もちろん，ここには精神分析関係でのアナライザンドの'思考'と分析家の'考えること'という臨床的視点が含まれています。精神分析に

おいて私たちが何をするのかということです。グリッドの縦軸である思考の生成と成熟度による区分けには，この思想が含まれています。

　後年，嘘，そして'考える人のいない考え'をめぐる考察を進めることで，考えることと思考との関係はさらに検討されます。嘘は考える人によって考えられることが絶対に必要であるが，考えることと思考は考える人がいないときに真であると考えました。真のもの，真の思考は考えられて生まれるものではなく，誰かに見出されるまで，見出されることを待ってすでにずっとそこにあるとのことです。

　それでは，グリッドに進みましょう。表8［グリッド］を見てください。まず，グリッドを解説します。

　グリッドは化学元素の周期表を下地に用いていると思われます。つまり科学的思想のもとで非物質である思考を分類する試みが，このグリッド作製においては試みられたのです。それは理論とは異なり，「精神分析的現象を解釈するための取り決め」（精神分析の要素 1963）であると言います。

10．グリッド縦軸——思考の生成と成熟

　グリッドの縦軸/垂直軸ＡＢＣ・・行は，思考の生成，成熟に沿って並んでいます。それは原始的な具体思考から高度な抽象思考への進展であり，その途中に象徴が介入し，記号化が可能になります（表8参照）。各行カテゴリーを垂直軸の上のほうから順次提示してみます。

　Ａ：ベータ要素　　β-elements
　Ｂ：アルファ要素　　α-elements
　Ｃ：夢思考・夢・神話　　Dream Thoughts, Dreams, Myths
　Ｄ：前概念　　Pre-conception
　Ｅ：概念　　Conception
　Ｆ：コンセプト　　Concept
　Ｇ：科学的演繹体系　　Scientific Deductive System
　Ｈ：代数計算式　　Algebraic Calculus

表 8　グリッド Grid

	定義的仮説 Definitory Hypotheses 1	φ psi 2	表記 Notation 3	注意 Attention 4	問い Inquiry 5	行為 Actio 6	….n
A β要素 Beta-elements	A1	A2				A6	
B α要素 Alpha-elements	B1	B2	B3	B4	B5	B6	…Bn
C 夢思考・ 夢・神話 Dream Thoughts Dreams, Myths	C1	C2	C3	C4	C5	C6	…Cn
D 前概念 Pre-conception	D1	D2	D3	D4	D5	D6	….Dn
E 概念 Conception	E1	E2	E3	E4	E5	E6	….En
F コンセプト Concept	F1	F2	F3	F4	F5	F6	….Fn
G 科学的演繹体系 Scientific Deductive System		G2					
H 代数計算式 Algebraic Calculus							

表8に附属する注　グリッドの表にみる用語の訳語の種類
D. Preconception には，前概念，前概念作用　の邦訳がある（以下，同様）
E. Conception には，概念，概念作用
F. Concept には，コンセプト，一般概念，概念
G. Scientific Deductive System には，科学的演繹体系，科学的演繹的体系，科学的演繹システム
H. Algebraic Calculus には，代数計算式，代数学的計算式，代数計算，代数学的微積分
1. Definitory Hypothesis には，定義的仮説，限定仮説
3. Notation には，表記，記号法，心覚え
4. Attention には，注意
5. Inquiry には，問い，質疑，審理，探索，取調べ
6. Action には，行動，行為

すなわち，具体思考から抽象度の高い思考へ，もの自体から数式へという思考の成熟です。これは，思考の生成の段階と前概念の機能の両者を表しています。

それは，こころに置いておけない（内的世界に位置づけられない／内在化できない）ために考えられない'もの自体'である**ベータ要素**という外界具体物のままという水準の思考から，最高水準の抽象思考としての数式，つまり具体物とは無縁なそのままでは外界に存在しない，内的にのみ存在し，科学的観念操作に純粋に適合する抽象化がなし遂げられている思考です。

A行　ベータ要素

思考が生じる最早期の母胎である**ベータ要素**が出現するのは，アルファ機能がまだ働いていないか，機能不全にあるこころによっています。これ以降の思考の成熟は，アルファ機能が働くことでなされます。ベータ要素では，他の思考では起こりうる現実化が起こらない，すなわち飽和されないこと（つまり，外界の具体物であって，内界に置かれる思考にならないこと）が，他の思考とはまったく異なることです。このため，ベータ要素は考えられず，投影同一化で（具体物としてのこころから）排出されることでしか操作されません（グリッドでのA6に該当する事態です）。ベータ要素については前章でたびたび触れています。（第1章原始思考とその発達　および　表2，第6章思考の具体化としてのベータ要素および表5も参照）

B行　アルファ要素

初めて内界に生成される思考は，B行　**アルファ要素**です。アルファ要素は，意識するという操作はできないが考えられる思考で，'考えること'がコンテインできる，内在化された'もの自体'とも表現できる，フロイトの表現での感覚印象が含まれる萌芽思考です。つまり，アルファ機能が感覚印象に作用した結果，（ベータ要素のように）外的現実世界の対象ではなく，そのような現実に関連すると信じられている感覚単位に作用した内界の産物です。なお，他所でもアルファ要素については解説しています

(たとえば，第1章6．原始思考とその発達，前章10．ベータ幕と夢の不成立，本章4．体験と思考・6．経験から学ぶこと)。

C行　夢思考・夢・神話

次のC行のカテゴリー：**夢思考・夢・神話**とは，アルファ要素/感覚印象の内的相当物が連結し，連続して物語性を持つことで成立する，視覚要素の大きい，具体物が象徴（たとえば鳩が平和を象徴する例にみる象徴イメージ，絵文字や表意文字）として働く思考です。

眠っているときか，夢幻状態のときという覚醒した意識のときとは異なる意識部分でなす思考でもあります。また，ここでの神話は，'私的な'神話を含んでいます。それは，個人の私的な知をその個人が所属する集団に伝達する'公共化'の一段階として，前概念の原始形態とみなされよう，とビオンは述べました（1962）。

このC水準思考について，「物語形式の本質は，それが数学公式を記憶するように一定の連接をたやすく記憶できるようにすることである。物語形式は因果関係を含み，一定の連接を記録するという神話の機能に関連し意義を持つ」（変形1965）と言い，さらに「そこからモデルの科学的使用が派生してくる素材と見なせる。そのモデルの利点のひとつは，理論の形式的な硬直さでのっぴきならなくなることなく，目的を果たし終えた時に捨てられる道具を精神分析家に提供してくれることである」（再考1967）と言います。物語形式によってその中にさまざまな要素が組み込まれて結び付けられますが，それは科学的演繹体系での仮説の組み合わせに似たものなのです。

ところで，嘘をつくことは，一般にこのCカテゴリーに始まる思考です。真実にはことばは要らないのですが，嘘をつくためにはことばを重ねて，作話しなければならないのです。

D行　前概念

続くD行カテゴリー，**前概念**とは，次の水準である'概念'に外界での実感（すなわち，現実化）が成立するとき，飽和され意識化される，無意識，前意識に置かれる象徴性をもつ思考です。限られた範囲の現象を受容

するために適応したこころの状態であり、期待の状態に相当します。

E行　概念

次のE行　**概念**：表音文字や数字、記号が混ざった、覚醒した意識のもとに操作できる抽象思考。前概念と適切な感覚印象が交わることで生じます。

F行　コンセプト

続いてのF行のカテゴリー、**コンセプト**：概念が一定に連接されて形成される、より抽象性の高い思考です。

G行　科学的演繹体系

そして、G行　**科学的演繹体系**：仮説や仮説体系におけるコンセプトの組み合わせを意味します。数式には至らないが、記号が使用される公式、定式と表現される思考です。

H行　代数計算式

最後に、H行カテゴリー、**代数計算式**——たとえば、$11+6$, 19×50——という生成順に縦列に並んでいます。

11. 精神分析臨床での思考の成熟と退行

なぜこのような思考のカテゴリー分けが持ち込まれたかという疑問に応える意味でも、ここで、この思考の生成と成熟がもつ精神分析臨床での意義に目を向けてみましょう。

精神分析空間という場で起こる主要なできごととして、'**転移**'の発生があります。それはこの分析空間でのアナライザンドの内的な体験の展開です。経験的におわかりのように、この転移が繰り広げられることには、多かれ少なかれ、'退行'あるいは遡及という事象がともないます。

思考という視点からこの転移現象を見るなら、そもそもアナライザンドの内に確立されていた**E. 概念**（あるいは、**D. 前概念**、もしくは知性化の

強い人ではF. コンセプト）[例：彼/彼女が—私を—見捨てる]が，治療者を巻き込んだ物語として実演されている事態[治療者が——私をいまここで——見捨てている]です。すなわちこの分析の場での体験は，アナライザンドの夢のようであり，つまりC. 夢・夢思考・神話に，思考の生成上は退行的に変形されているのです（そこに，B. アルファ要素もいくらか含まれます）。

　この転移という実演されるC. 夢・夢思考・神話が，治療者との（言語性の転移解釈を中心とした）分析的交流での新しい現実化を経て，退行が終息するとともに再び前進し，D. 前概念，E. 概念に成熟します[治療者は—私を—見捨てなかった ⇒ 彼/彼女が—私を—見捨てる—と私は思い込んでいた。私の事実誤認]。

　図式的に示すなら，私たちの精神分析臨床では，

　　誤った概念（E）→転移性の夢・夢思考・神話（C）→前概念（D）→適切な概念（E）

という思考の変容がなし遂げられているのです（加えて，**アルファ要素**（B）→転移性夢・夢思考・神話（C）→前概念（D）→適切に概念化（E）

という変容も並存します）。

　ちなみに北山（2007）が呼ぶ'劇的な精神分析'とは転移性のC水準思考への着目です。

　ここに追加すべきことがあります。

　それは，アナライザンドが精神病か自閉症性の発達障害の場合です。このとき分析空間に持ち込まれるのは精神病性転移，もしくは二次元性転移です。それを思考水準で見るなら，A. ベータ要素をおもにしたものです。ゆえにこのときの治療者は前述した作業に加えて，治療者のコンテインメントやアルファ機能を作動させて，A. ベータ要素からB. アルファ要素やC. 夢・夢思考・神話，D. 前概念を生成し，新たにE. 概念に成熟させるという工程を進める目的に適う働きをすることになります。図式的に述べると，この精神分析臨床での思考の変容は，

　　ベータ要素（A）→アルファ要素（B）→夢・夢思考・神話（C）→前概念（D）→概念（E）

と，長い発達的生成過程です。

同じ精神分析臨床でもその対象の違いから，このようにふたつの作業過程を持つことが，グリッドに基づく発想から明瞭になります。

12. グリッド横軸——思考のコミュニケーションでの活用法，用途

これからグリッドの横軸に目を向けます。横軸に列記されているのは，縦軸に並べられた思考のコミュニケーションでの活用の方法であり用途です。

横軸欄はその列を左から右へ，**1. 定義的仮説　2. ψ**（プサイ，プシー）**3. 表記　4. 注意　5. 問い　6. 行為**　と並べられています。さらに，・・・n という記載があります。これは，コミュニケーションでの活用の新たな性質，方法がこれから見出されるであろうとの未知の活用法です。続く7，8，9・・・列といった具合に，です。つまりこれらは，あなたの発見を待つ，いまだ飽和されていない用途なのです。

それでは，横軸1列から6列までそのカテゴリーを解説しましょう。

1列　定義的仮説

1列. 定義的仮説とは，定義された仮説ということで，本来は仮説のはずのその思考が，決定された定義として扱われる硬直した使い方がなされる場合を指しています。

神のお告げ，絶対的に現実化する予告である「神託」はこの典型例です。たとえばテーバイ国王の父ライオスに，「生まれたばかりの男の子（エディプス）が父親であるライオスを殺す」という神託が下されます。そのため，それが起こらないようにさまざまな手管が使われます——父親ライオス王はエディプスを殺すよう部下に命じます——が，それでもエディプスの父親殺しは後年現実化します。また羊飼いに拾われ，コリント王の子どもとして育てられたエディプスには「お前は父親を殺して母親をめとる」との神託が下され，コリント王を父親と思っていたエディプスは神託の回避のための旅に出ます。だが，その旅で出会った実の父親ライオスを殺し，テーバイ国王になりその王妃であった実母と結婚します。

私たちが出会うクライエントには**個人的な神託**を内にもっている人たち

がいます。「自分は不幸になる」、「必ず見捨てられる」、「最後は裏切られる」、「治療は絶対に失敗する」、「今日の面接は嫌なものになる」といった類です。その人たちには起こることの結果は、もともと抱いていた仮説そのままなのです。この定義的仮説／硬直化した言説が、分析空間において転移として治療者との間で繰り広げられるときは、グリッドのC1にあたります。それがクライエント自身の中に無意識的意識的にあるときには、D1、E1にあたります。こうして、F.（コンセプト）まではこの使い方ができます（2を除く横欄１３４５６・・・nにもあてはまります）。

私たちもたとえば、「見捨てられ不安」、「羨望」、あるいは前日のスーパーヴァイザーの発言の何かといった定義的仮説E1を抱いて分析に臨むことが起こります。また、精神科医が**下す**「診断」は、F1です。ちなみに「力動的見立て」は理解のためのモデルの提示であるのなら、F3と言えそうです。

2列 ψ

2列．ψ（プサイ，プシー）は、真実を隠す目的に使用されるときです。たとえばある女性アナライザンドは、分析家が頑迷であると彼を感情的に非難する話題を続けましたが、それは彼女自身の分析家への性愛感情という事実から目をそらすためでした。これは思考の倒錯的な使い方です。

怒って攻撃してくるアナライザンドへの逆転移性の不安に治療者が圧倒されているときがあるでしょう。このとき、真実と思える理解を提示せず、その理解は治療者の中での合理化によって'クライエントに侵入的過ぎる'とされて、差し障りのない、あるいはアナライザンドにおもねる支持的な別の内容がアナライザンドに解釈されるとき、その解釈はE2にあてはまります。

地球が宇宙の中心で、他の星は地球の周りを回っているという「天動説」のコンセプトは、「地動説」に対するψであり、F2にあたります。この使用法の極端な場合として、詐欺師のことばの使い方がここにあてはまります。垂直列でのH.代数計算式以外はこの使用が可能です。

2列ψには、現実の感覚印象との葛藤があるのです。ですから、そこにはそれを探究していくなら葛藤を取り扱い、誤りを訂正する機会が得られ

る，との利点があることも忘れてはなりません。

続いてフロイトが提示した精神の知覚活動に倣った項目が続きます。

3列　表記

まず，**3列．表記**（記号法，心覚え）は，ある考えを表わすこと，思い浮かべることという，思考をみずからの中で意識化する目的に使われます。ですから**記憶**とは表記の蓄積であるので，この表記に含まれます。**A.ベータ要素**は，思考としては意識化できないために，つまり表記は不可能であるため，グリッドでは空欄なのです（実のところA行では，横軸3，4，5列はいずれも空欄です）。

クライエントの自由連想は，おもにこの**3.表記**にあたります。ちなみに自由連想が困難なときとは，**4.注意**や**1.定義的仮説**や**2.ψ**や**6.行為**になっているときなのです。そして治療者のもの想いも，**4.注意**や**5.問い**といった列にまたがりますが，**3.表記**が中心です。

ある分析セッションで私はもの想いにふけりながら（C3），アナライザンドの語りに耳を傾けていました。ところが面接室の出窓のスリガラスの向こうから突然物音がしてきました。思わず私の注意はそこに向かいました。それは外から窓や外壁を磨いている音であり，スリガラスの向こうに活発な人の動きが見えました。そこで私はもはや注意をそこに向けないでおれなくなり（E4），今すぐ外に出て窓拭きをやめてもらいたいと訴える行為に駆り立てられそうになりました。もはやそれは，ほとんど行為に向かおうとする思考でした。すなわち，**4.注意**から**6.行為**です。

4列　注意

4列．注意は，外界の積極的探索であり，フロイトは「感覚印象が現れるのを待つのではなく，途中で出迎えること」（心的現象の二原則論文 1911）と述べました。これをビオンはアルファ機能の因子と考えますし，もの想いに相当すると言います。ただそれは，「自由に漂う注意」（フロイト），「無注意の注意」（前田）にあたるものです。前述の窓拭きの件での注意はもちろん，もの想いではありません。ちなみに，もの想いは，記憶を除いた表記や集中してしまわない注意と問いという範囲にあるものでしょ

う。
　一般に注意は，その表記されたある対象へ選択的に焦点をあてるという使い方です。しかし，次の**5.問い**に較べるなら，いくらか受動的かつ受容的です。精神分析的治療者の介入の内，やわらかい表現での'明確化'や'直面化'はこの注意を誘う使い方です。「それは何々ですね」という表現は**D4**にあたります。「あなたに注目してもらいたいところは何々」という治療者の解釈はここに入ります（精神分析の要素 1963）。もちろん，アナライザンドもこの表現を使います。

5列　問い

　5列．*問い*（質疑，審理，探索）は，注意をさらに焦点化した用途です。前述の注意に較べると，もっと能動的です。問いかけという形式でその対象の探索をめざす，未知を探る使い方です。ふたりの間で治療者の言語的介入を問いかける形の疑問形でおこなうことは，この探索を協働していこうとする狙いで使うことです。治療者の解釈としては，クライエントにさらに素材の連想をうながすために用いられるそれにあたります。
　さて，ビオンは分析セッションでの分析家の理想的なこころの状態は，解釈をまさに与えんとする時期を除くと，**C3・C4・C5・D3・D4・D5**で表示されると述べています（変形 1965）。これは，言い換えますと，やはり分析家の'もの想いするこころ'です。

6列　行為

　最後の**6列．*行為***は，思考が行動で表わされているときですので，'行動化'（アクティング・イン，アクティング・アウト）がすぐに思いつかれるでしょう。この行動化の無意識の意味を表わす用語として'行為による想起'という見解もあります。
　異性の治療者の面接を受けているクライエントが，実生活の中で恋愛関係や対立関係を異性との間で作る場合は，治療者との関係での性愛や憎しみという概念の分析関係外でのアクティング・アウトでありそうです。すなわち，**D6**もしくは**E6**にあたります。
　あるアナライザンドは分析が始まって間もない内に夏期休暇を迎え，そ

れが明けての面接ではがらりと態度を変え，不機嫌さを顕わにし，拒絶と無関心をしばらくの期間示しました。それは彼女が生まれてまもなくある理由から母親が不在になり，ゆえに彼女が母乳を飲めなくなった苦しみのときに重なりました。分析セッションでのこのふるまいはC6にあたります。

さらに，思考が行動として使われているときがあります。「バカ，死んでしまえ!!」と怒鳴りつけるとき，これはベータ要素の排泄行為，すなわちA6です。ある小説の中に以下の文章がありました；『「ばかもの」と，父がまた短く言った。父は怒ると，痰を吐くように言葉を吐き捨てる』。これもまた，A6です。

解離を起こした人が別人格となって話しふるまうなら，それはC6にあたります。治療者がクライエントに働きかけるとき，すなわち解釈を**投与する**という行為をおこないます。それはE6です。しかしそれは，実際のところA6あるいはC6かもしれません。治療者は解釈を**投与**せず，解釈を提示するだけかもしれません。その解釈の提示は，E4もしくはE5かもしれません。

治療者のこの6列の性質の解釈は，伝えることによってクライエントが「自分の発達の諸問題を解決できるようにすることである」(1963) とビオンは言います。すなわち，「思考から，行為への翻訳および決断の思考にもっとも近くなる移行」です。それは，思考が対象/環境を変える行為として発話において表されるときにあてはまります。

13. グリッドの臨床活用法

では，思考の成熟度とその使用法を組み合わせたこのグリッドを，精神分析臨床家として私たちはどのように使ったらよいのでしょう。

ビオンが勧めたことは，ひとつの分析セッションが終わった後，その振り返りのために使用することです。すなわち，そのセッションでの治療者とクライエントのやりとりがどの思考水準でなされ，それはどのような使用法によって交流され，その結果，どのような思考の成熟あるいは退行が起こったか，もしくは起こらなかったかを見定めていくことです。

この方法でのグリッドの活用は，私たちの日常に起こりがちなセッション体験をただ漠然と振り返る，もしくは情緒感覚をおもに振り返りやすいという姿勢に代えて，思考という確かな同定物に基づく堅実な視点を私たちにもたらします。これは，夢を見た後にその夢が含んでいた感情を味わい直したり，夢素材から派生する連想を自由に進めるだけに終わるのではない，夢を確実に分析していく作業に近いものでしょう。

　おそらく精神分析体験を客観的に同定しようとする方法としては，グリッドによる思考の性質とその使用法の検討はもっとも精密に整頓された方法でしょう。分析セッションの中で，アナライザンドが，そして私たちが何をしたのか，また何をしなかったのかを確実に押さえることができます。

　そうなのです。これはすでに述べていることに含まれているですが，グリッドはアナライザンドの思考のみでなく，分析家の思考にも当てはめられることなのです。ですから，スーパーヴィジョンにおいて，グリッドを活用する振り返りも有効です。また，臨床セミナーにおいても有用であることです。

　しかしながら，ビオンが述べるようにセッション後に振り返ることを積み重ねる結果，おのずと生じてくることがあります。それは，ちょうど掛け算の九九を暗記した後や何かの作業手順をすっかり覚えてしまった後に生じることと同じことです。すなわち，セッションの中でとく意識的に思い起こそうとするのではなくて，そのとき表出されている思考をグリッドにあてはめる作業が，自然に自生的になされるようになることです。シミントン（1996）もこの見解を述べています。たとえば聴いているアナライザンドの発言を，E5（問いとして使われている概念），A6（排泄されたベータ要素）にあたると即座に思い浮かべたり，あるいは治療者自身の解釈をC3（夢思考水準の表記），あるいはF2（コンセプトによるそらし）と把握することです。

　ごく短い例を示しましょう。ある女性との精神分析セッションです。

　　その女性はかなりの時間沈黙し，語ることをひどく躊躇していました。私は，彼女に何があったのだろうかと思いを巡らしていましたが，ことばは発さず待ちました。

やがて思い切ったように彼女は、「録音されているんですね」(*彼女の発言①*)と私に告げました。私は予想もしない彼女のこの発言に内心驚きながら、ちょっと間を置いてから＜それは、どんなことなのですか＞(*私の発言①*)と対応しました。

それに対して彼女は怯えた少し震えた声で、「昨日、録音機が床の上にあるのが見えたんです。ああ、私の話が録音されていて、皆が聴いているのかと思ったんです」(*彼女の発言②*)と語りました。それを聴いた後少し間を置いて、＜私がここで、あなたの話を録音していると思われるのですね＞(*私の発言②*)と私は尋ねました。

それに彼女はすぐさま、「そうです。先生が録音機を置いているとはショックでした」(*彼女の発言③*)と切迫した声で答えました。まだかなり不安そうでした。

この交流をグリッドで整理します。

女性の躊躇を見せている沈黙は、私のこころに明らかに影響を及ぼしています。ゆえに彼女の沈黙は言葉にならない不安の排出の行為です。ゆえに〔A6〕もしくは〔B6〕と見当されます。それに対する私の反応は彼女の情緒を味わいながらもの想いに入っていますから、〔C3〕です。

そこに*彼女の発言①*が為されます。これは私に録音に注意を向けさせていますから〔E4〕にあたります。それに対応する*私の発言①*は〔E5〕です。続く*彼女の発言②*は、録音機を見たという錯覚、それを皆が聞いているという物語になっていますから、〔C3〕と私はみます（ちなみに、もしそれを幻覚を含む精神病状態と私が感じるなら〔A2〕とみるでしょう）。この彼女の発言への*私の発言②*は〔C4〕です。それに続く*彼女の発言③*は〔C1〕です。このようにこのとき私たちは、C水準、夢/転移の水準の交流を続けました。

いかがでしょう。グリッドは私たちにとって、精神分析臨床上有用な道具と呼んでよいのではないでしょうか。

8．エディプスと知

1．エディプス・コンプレックス

　「真実はこころの健康に必須である」とビオンは言います。そして真実の重要なひとつである，みずからの情動経験への気づきを欠くことは，'真実の剥奪'であるとも言います。
　さて，エディプス・コンプレックスは広く知られている概念です。神経症のこころの中核にあるのは，両親との三者関係における未解決のエディプス葛藤であるとのことを，フロイトは彼自身の最大の発見としました。フロイトにとって精神分析を精神分析とあらしめているのは，エディプス・コンプレックスの解明でした。精神分析という方法が掘り当てていくのは，アナライザンドのこころにあるエディプス葛藤の実態なのです。ゆえにエディプス・コンプレックスを肯定しないユングやランク，アドラーをフロイトは受け容れませんでした。現代精神分析のさまざまな学派を見たとき，どの学派をフロイトが精神分析と認めるかを考えてみるのは興味深い試みですが，その第一の基準がエディプス・コンプレックスの継承にあるのは確かでしょう。
　エディプス・コンプレックスは，文字通り理解しますと，'エディプス複合'です。すなわちギリシャ神話のエディプスの物語に内包されるさまざまな要素から成り立っているもの，それらの要素の物語構成での連接による複合なのです。つまり，ここにビオンの思考についての理解を持ち込むなら，このエディプス・コンプレックスは，グリッドのC行［夢思考・夢・神話］水準の思考であることがわかります。ところで，不思議なことにわが国では，「コンプレックス」ということばが本来の意味である'複合'からすっかり離れてしまい，'劣等意識'の意味として誤って概念化されたまま固定化し，今日に至っています。

2．フロイトのエディプス複合

　閑話休題。フロイトはエディプス複合を構成する要素に，次のものをあげました。
1）精神–性発達でのひとつの到着点としての異性の親への性器期的愛着，2）両親の性器的結合の（前意識的）認識，3）同性の親への憎悪による敵対的排除とその親からの報復的去勢の恐怖です。そしてここには基本欲動として，リビドー（精神–性エネルギー）の活性化が想定されています。
　2歳から5歳の間に実生活の中で小児は，これらの要素がちりばめられた三者からなるコンステレーションでの特異な交流を物語的に体験していくことになります。前述のようにグリッドでのC行水準［夢思考・夢・神話］の思考で認識される体験です。フロイトは――ちょうど強迫神経症の'ラットマン'がフロイトを怖い（実はすでに亡くなっている）父親と見て，恐ろしさのあまりカウチから起き上がり，ぶつぶつ言いながらうろうろ歩き回ったときのように――分析場面では転移神経症という物語の形で，このエディプス複合が再現されることを知りました。

3．クラインのエディプス複合

　その後メラニー・クラインはもっと幼い時期に，つまり生後6カ月から12カ月頃に，両親の原光景に対して抱く空想においてエディプス状況が認識されていることを見出しました。ここでの要素は，1）口唇性，2）部分対象としての両親，3）羨望・嫉妬・貪欲さ等の原始的感情，4）空想の投影同一化があります。
　それは離乳という口唇性の欲求不満において頂点に達します。その不満から乳児は父親のペニスに向きを変えますが，そこで'母親の乳房の中の父親のペニス'という部分対象による結合を知り，すなわち「結合両親像」を知り，そのエディプス三角状況を体験するというものです。これは言わば，主体の空想が大きく関与する十分に物語化していない分割写真的で，具体物として体験されるより原始的な思考水準のものであり，エディプス

体験を取り扱う思考は、グリッドでのA［ベータ要素］、B［アルファ要素］、C［夢・夢思考・神話］といった行を揺れている時期と言えるでしょう。

　もうひとつ付け加えるなら、フロイトが見出した三者関係での父親からの'報復的去勢の恐怖'とは、妄想-分裂態勢での迫害不安の体験としてのエディプス状況であり、そのままではそれは'迫害的罪悪感'を形成するのに対し、心的発達においてそれが「自分が父親を亡き者にしようとした」という自己の破壊性に目を向け悔いるという、抑うつ態勢水準の'抑うつ的罪悪感'に変容することの重要性に、このふたつの態勢でのエディプス状況に、クラインは気づいていました。

　ここまでのフロイトとクラインの両者に共通する要素として、エディプス状況に向かう推進力としての欲動——フロイトの場合は、性器性欲であり、クラインの場合は、口唇性の愛情欲動と破壊欲動——が基本に置かれていました。

4．ビオンのエディプス——前概念の装置

　フロイト、クラインと同じく、ビオンもこの三者関係、三角関係——父、母、子、そして分析家、アナライザンド、観察者——を根源的なものと見ました。人間の始まりのコンステレーションといえる、エデンの園では、アダムとイブのカップルを蛇、もしくは神が観察していました。

　それでもここに、ビオンは視点の転換と視野の拡大を持ち込みました。

　まず、エディプス神話は、フロイトが精神分析を発見するのに役だった道具とみなせるかもしれないとの見解をビオンは持ち込みました。そこからこの神話の素材が、現実との接触のための自我に属する「装置」の一部としての、**前概念の原始装置の形跡**かもしれないとの見解を示し、語りなおしました。すなわち、**'私的なエディプス神話のアルファ要素版'**を想定したのです。

　これはクラインの早期エディプス・コンプレックスをさらに発生的にさかのぼる位置づけです。この原始装置によって赤ん坊は、現実世界に存在するものとしての両親と接触を確立できるし、アルファ要素水準のエディプス的前概念が実際の両親の現実化とつがうことによって、両親という概

念を生めるのです（注意：ここでの前概念は，グリッドのDではなく，未飽和とのことです）。

この考えに従うなら，羨望等の原始的破壊性によって最早期のエディプス的前概念が破壊されるのなら，その赤ん坊はエディプスの問題を解決できないのではなく，エディプスの問題に到達しないことになってしまいます。障害の軽度な患者の場合に，エディプス状況もしくは部分対象エディプス状況（つまり，フロイトやクラインのエディプス状況）への敵意に満ちた攻撃に見えるものは，障害の重篤な患者では，エディプスあるいは部分対象エディプス的な**前概念への攻撃**とみなされる，それは両親間の関係を理解可能にし，それに**意味を与えるべき装置への攻撃**であるとみなされるとも言い換えています。それは，乳児内の**アルファ機能原基**への攻撃と言い換えられるかもしれません。

このことは，臨床でエディプス素材が断片化しているにすぎないのでそれをつなぐという発想での分析家の解釈はまったく効果をあげないことを含んでいます。それ以前につなぐことをなす装置である，考えることという装置の問題点を検索する必要が出てきます。

5．エディプス神話の要素

ここではビオンは，エディプス神話でのそれまで中核とされていた性的犯罪（近親姦）を周辺的要素に退け，中心的犯罪は，どんな犠牲を払っても真実を暴こうと宣言するエディプスの傲慢さにあるという観点から，エディプス神話の要素を抽出しました。すなわち，性の問題ではなく，**知の問題**です。フロイトからの大きな転換です。そして，それらの要素はそれぞれ次の様です。

1.デルフォイの神の神託，2.ティレシアスの警告，彼は交尾を観察した蛇を攻撃したため視力を奪われている，3.スフィンクスの謎，4.傲慢に探究を続ける驕りの罪を犯したエディプスの不当行為，5.テーバイの人たちに科せられた疫病，6.スフィンクスとイオカステの自殺，7.エディプスの失明と亡命，8.王の殺害，9.最初の質問は，怪物すなわち互いに調和しない幾つかの特徴から構成された対象によって，発せられている。

ここには性欲動だけでなく，知ることの追求，思考と行為という主題が明瞭に抽出されていますし，死の本能が優位にあるときの知の産物として，'好奇心'，'傲慢さ'，'愚かさ' があります。

エディプスの悲劇は，そもそも性欲動に触発されたものとしても，それは好奇心の飽くなき追求によって引き起こされました。つまり知ることが，エディプス複合のもうひとつの大きな要素なのです。ちなみに，ビオンはグリッドの水平軸の5列 '問い' を，初めは **エディプス** と命名していました。問いは，'好奇心' から発せられます。

6．思考の成熟とエディプス体験

その知にかかわる思考の成熟度に目を向けるなら，すでに述べているように，グリッドに表されている思考の生成水準各段階，A, B, C, D, E・・・行でのエディプス体験があることがわかります。

フロイトの示したエディプス体験は，C行［夢・夢思考・神話］水準のものであり，それがどのように実感/現実化されて，D［前概念］からE［概念］へと進展するかが，そこに発生しうる病理の性質を決定します（たとえば，「父親は，母親と息子である自分をいじめ，威嚇する」という考え）。精神分析治療は，E行水準の思考に到っている '誤った概念' を，分析空間での転移体験によってC行水準の思考に退行させ，もう一度Eを形作る現実化に向かわせる作業と言えるでしょう（たとえば，「父親は私たちを威嚇してもいたが，保護してもいた」という考え）。

一方，クラインの示したエディプス体験は，思考がC行水準に至っていないもっと原始的な思考，つまりA（ベータ要素）やB（アルファ要素）がCへと進む過程での体験です。それを，具体思考水準から表意文字水準でのエディプス体験と言い換えることもできるでしょう。およそ早すぎたエディプス状況の現実化なのですから，'結合両親像'（たとえば，夜驚症の子どもが怖れる怪物，統合失調症者が幻覚する「連れ込み宿の嬌声」）といった病理性が濃いエディプス体験なのです。

このクラインのエディプスよりさらに原始的な段階を，前述したようにビオンは提示しました。ここでの分析治療は，退行させるのではなく，コ

ンテイニングとリンキングを使用しながら，原始思考を発達させていくことになるのです。ちなみにロゼンフェルドやスィーガルらが描き出した統合失調症者に見られる，エディプス体験，つまりクラインが描いた結合両親像の具体化としての'奇怪な対象'体験は，A行（ベータ要素）水準のものなのです（椛田容世「妄想の中の抑うつに出会うこと」2008）。

　このようにエディプス・コンプレックスに向ける私たちの視野が，ビオンによる知の検索で大きく拡大されました。ビオン流に考えるなら，すでに萌芽的思考として私たちが持っているエディプス複合がいつの時期にどのように現実化されるかによって，体験の性質が決定されるのです。

　また，1. 父親・母親・子どもの間の関係の現実化，2. 情動的前概念，3. 1に述べた現実化の実感が個人の中に喚起した心理反応での性，好奇心をエディプス状況としてビオンはあげています。

　ここから現れることは，結合両親像という病理性の高いカップルが形成されるという父親と母親側の姿だけではありません。視点は変換できます。すなわち，両親という'つがっているカップル'が子を産み出し，そこにエディプス三角が形成されます。しかしながらその子は，破壊的な怪物としての赤ん坊であって，両親カップルをも壊滅させるかもしれません。すなわち破局に至る三角形です（寄生的三者関係）。（第1章，第13章を参照）

　一方，その子は創造そのもので，両親カップルとさらに創造を進展させていくかもしれません。創造する三角形です（共存的三者関係）。これは，精神分析過程において私たちがアナライザンドとカップルになったときにふたりの間に，このコンテイナーとコンテインドの関係に，ことばによる交わり verbal intercourse を通して新たに生まれる，新しい思考（洞察という子ども）/brain child が，どのようなものとそのアナライザンドに体験されるかという臨床場面での事態を表しているものです。

　必ず何かが生まれようとするであろう臨床場面では私たちは，いつもこのようなぎりぎりの状況に向かいます。臨床の切迫感は，エディプス体験そのものなのです。

　'連結してカップルになっている両親というこころの状態'を含むビオンのエディプス論にヒントを得たブリトン（1998）は，クラインの言う早

期エディプス状況にもちこたえられることで三者からなる空間，'三角空間'が形成されるとき，主体は二者関係で育成される主観性や客観性に偏りすぎない'第三の立場' third position を獲得することを述べています。それが，内的世界の発達には不可欠なのです。

第2部
精神分析での関係性

「『転移』には，'つかのま'という意味もあることをおぼえておくと役立ちます。……それは，'移し変えられた'とか'つかのま'と呼べそうなもので，不変なものではありません。」　　　　　　　　（サンパウロ　1978）

第1部では，コンテイナー／コンテインドにみるように二者の関係性，さらには三者の関係性に目を向けてもいますが，こころの内的な状態やそのダイナミクスにより注目しました。続くこの第2部では，関係性，とくに精神分析での関係にもっと注目していきたいと思います。

その関係性に備わっている事実をビオンは語っています。

「なぜその人自身からその人自身に，自分のしていることが直接伝わらないのでしょうか。……中略……なぜ人は，ある種の精神的あるいは肉体的助産婦の介入なくして，直接自分自身と関係を持てないのでしょうか。それはあたかも，私たちの言うことが理解できるようになる前にそれを照らし返せる何かを必要として，それで私たちはもうひとりの人物に「あてる」ことが必要であるかのようです」，「分析において重要なのは，分析家あるいはアナライザンドが何をできるかではなくて，そのカップルが何をできるかなのです」，「分析家との関係は，過渡的な出来事としてのみ重要なのです。「転移」という用語はこの多義的な意味で使用されるのなら，役に立つでしょう。」（LA 1976 ）

また，次のことも言いました：

「無数の解釈があります。ですが，経験はただひとつです。それはそこで分析家がこの患者と共有した経験です。」（ブラジル 1975）

そして精神分析セッションでの治療者の態度についても述べました：

「黙ってそこに座って患者の言うことを聴くのは，私にとってはごく自然です」，「患者には何が耐えられるのかについての感覚を私たちは持たねばなりません。人のふるまいには歩み寄りがなければなりません。いくらか配慮しなければなりませんし，患者にはこのことはそれほどに脅かされる経験だと斟酌してやらねばなりません。ともかく緊張している患者たちが言いたいことを何でも言いやすくするために，私たちがかなり普通一般の態度でふるまうのを支持する根拠がそこにある，と私は思うのです。」（ブラジル 1975）

精神分析，あるいは精神分析的心理療法でのそこにいるふたりの関係の性質こそが，そこでの達成の成否を決定します。それを新しい視点から見ていきましょう。

9. 言語による交わり――創造としての交わり

1. 創造のための交わり

　エディプス複合の基礎を作る両親というカップルは，ふたりの間に子どもを産み出します。このことが人類にとって，無二の根源的創造であることは改めて述べるまでもありません。このアナロジーとして，分析家とアナライザンドとの間にも，新しい理解や洞察というブレイン-チャイルド（brain child 脳の子ども/新しい考え）が生まれます。これが，精神分析での創造の本質です。もちろん，この子どもが創造的な子どもであり，エディプス関係の三者に大いなる実りがもたらされることもあれば，病的な子どもである場合もあります。この点については，第1章や前章の第8章でもいくらか触れましたが，第13章でより詳しく取り上げていきます。

　ここでのテーマは，産み出すための関係の性質です。根源的創造をめざして両親のカップルでは，身体による交わりである性交 sexual intercourse がおこなわれます。主体にとっては内的体験でのその原型は，クラインが述べたように，（空想として体験される）原初的乳房と原初的ペニスの連結です。そしてそれと同様に，精神分析での根源的創造に向けて，分析のカップルでは'言語による交わり verbal intercourse'がなされるのです。それは単なるアナロジーではありません。

2. 言語による交わり：例示

　ビオンは次のような例を示しています（幻覚について 1958）。
　数年の精神分析が続けられていた統合失調症男性とのあるセッションです。男性はカウチに横たわり，「まったく空っぽに感じます」等，言った後，沈黙へ戻ります。その沈黙への流れをビオンが解釈すると，彼は上半

身をけいれんさせます。ビオンは，それを含めてさらに対象の排除と悪いものの侵入を解釈します。彼の動きは止まり，「私は一枚の絵を描きました」と言って沈黙し，解釈を待ちます。ビオンは，絵の像で彼がふたりを互恵性はあるが生命のないロボットにしたことを解釈します。彼は「昨晩，隣の家のラジオが私を起こしっぱなしにしました」と応えます。

このセッションは患者に「よい」セッションと呼ばれるもので，この後には「悪い」セッションが続きます。それは，友好的に協調し創造的達成がなされていることは彼には性行為を行っていることにあたり，そのため協調への憎悪，羨望，罪悪感を購おうとすることが続くためであるとビオンは言います。ビオンの解釈に性的結びつきが存在しているとも想定します。

この創造を目指した言語による交わりが，ほんとうに創造的になされるにはどのようにあればよいのでしょうか。それは身体による交わりが，愛情という情緒の交わりを欠いたり，創造よりも快感追求のみに終始したり，カップルの一方によるもう一方への支配，拒絶や搾取であったり，関係の破壊を孕んだ倒錯に向かうことが少なくないように，精神分析での言語による交わりも同類の危機をはらんでいます。

しかしながら，言語による交わりがなされないことには何も産み出されないのです。そこでは分析家のことばが創造的ペニス/コンテインドとなって，アナライザンドの膣-子宮/コンテイナーに新たな考えや感情をもたらすこともあれば，その逆もありましょう（もちろん，分析家の乳首とアナライザンドの口も，上述した関係の変形のひとつと見ることができます）。アナライザンドのことばが，分析家の中に新たな考えや感情をもたらすのです。このどちらも必要なのです。

ビオンのふたつの使用例を示します。ブラジリア（1975）とサンパウロ（1978）でのケース・セミナーのコメントからです。

　　「それにもかかわらずこの女性と彼女の赤ちゃんとの情緒状況は，どんな分析関係よりもいろいろな感情をずっと強力にかき立てるものです。ここしばらく，彼女はあなたと言語による交わりをしてきました。ですから，彼女が妊娠するような機会は常にあるのです。それで，ある意味では，赤ん坊が生まれる前に処理

し切れなかった感情，すなわち妊娠や母親が自分の内部に持つものへの恐怖——たとえ彼女が今では母親でも——について，実のところ話しているのです。」

　「その患者は分析にやってきますが，それが効果を産むとは信じていません。ですから，それが実際に作動し，分析的なことばによる交わりの結果を産むなら，怖くかつ信じがたいことです。この患者は妊娠するのを恐れていそうです。ある種の精神的赤ん坊を怖れていそうです。同じように，あなたも何をしてよいかわかっていないだろうと患者は怖れていそうです。」

3．言語で交わる治療者

　この'交わり'という表現が持つ大きな意義は，愛情のもとに両者が感情，思考，欲動を連動させながら出会い，お互いについて人としての理解を深め，受け容れあっていくことにあります。精神分析ではことばに，その'交わり'を託すのです。ここでは分析家が，単に"照らし返す鏡"という物質的な二次元的存在としてそこにいるのではないことがおわかりでしょう。ふれあいを築く生きたこころという，内的空間を持つ三次元的生命体なのです。

　うまく話すことができなくなったある統合失調症者にビオンは次のことを解釈しています：

　　「あなたは，あなたの内部にひどく悪い敵対的な対象を持っていて，それが私たちの言語の交わりを，かつてあなたが，性的なものであれ，ことばによるものであれ，両親の交わりに向けてしたのと同じ類いの破壊的攻撃という目にあわせた，とあなたは感じています。」(1953)

　しかし性交において一体感のあとに必ず分離がなされるように，このことばによる交わりもその後，分離が起こります。そのとき，言語の交わりによる洞察が達成されたとき，哀しみが両者に体験されるとビオンは述べました。洞察という事実の新たな発見は，それゆえこれまで保持していた万能空想を喪失する，喪の過程の悲哀をともないます。D水準の心性がそこにあるのです。

9. 言語による交わり——創造としての交わり

さてこの言語の交わりをなすには，分析家/心理療法家の心的態度はどのようにあることなのでしょう。

自分の位置は確実に持ちながらも，柔軟なかかわりができることが必要でしょう。それが'中立性'と呼ばれるものです。ここにも'記憶なく，欲望なく'という禁欲が望まれます。すなわち，みずからの先入見，定義的仮説につかまらないことです。

もうひとつは，相手の体験そのものになることばを使うことです。それによってまさに対象とひとつになるのです。交わりがなされます。相手の体験そのものになることを，'O になること'とビオンは述べましたが，詳しくは第19章でふれます。

そして，もうひとつの心的姿勢が，K (Knowing) です。ビオンはことばにすでに付与されてしまっている既成の意味によって誤解されることを嫌いましたので，K と記号化しましたが，その意図するところは，情緒的に知ろうとすること emotionally knowing と言ってよいと思います。知的にではなく，情緒体験的に知ろうとすることです。'Aha experience' ということばがあるように，「ああっ，そうか」，「そうなんだ」というぞくっとする身体感覚さえともなうような気づきの過程こそが，K なのです。その K のつながり，すなわち K-リンクを目指すために，それに適うことばを使うことです。

そこで続いて，"K リンク"という関係性に目を向けていきましょう。

10. K リンク——経験から学ぶための関係性

　精神分析空間でのふたりに発生する情緒的なつながりに注目したとき，そこにビオンは三つの性質を見出しました。それは，すでに述べた 'K'（knowing），そして 'L'（loving）と 'H'（hate）です。やはり既成の多義に汚染されることを避けて，L, H と記号化しました。これら L と H は情緒的つながりですが，K を妨げるつながりなのです。すなわち，精神分析の要素のひとつとしての K リンクこそが，ふたりの力動的な結合の性質を表します。

1．K

　精神分析での対象間の望ましいつながり——こころの成長のための望ましいつながり——は，K リンクです。K は，knowing，つまり「知りつつある状態」であり，knowledge という「ひとまとまりの知識を持って」いたり，知識の「断片」を「所有している」ことではありません（1962）。それは，真実を知ろうとの情緒体験を表しているのであり，能動的な連結です。ですから「現実原則」に従うために，当然そこには苦痛という感情が含まれます。この苦痛な感情から逃れようとするか，苦痛を受け止め修正しようとするかが，K が保持され続けるかどうかの分かれ目です。分析家，アナライザンドが共に K のあり方で言語での交わりをなすとき，そこに新しい気づきという洞察が生まれます。

　「それが精神分析であり，それ以外のものではないことを確立する側面は，K 関係を解明するために分析家があらゆる素材を用いることによっている」（精神分析の要素　1963）とビオンは言いました。しかし，実際の精神分析過程では，経験的に理解されるように転移，逆転移が作動し，分析家もアナライザンドもともに K を保ち続けるという理想の形が維持さ

表9 二者関係での情緒的なつながりの性質

| K (knowing) |
| L (loving) |
| H (hate) |

れ続けることはありません。精神分析過程の現実がそこにちがうものをもたらすのです。

2．L

次の H もそうですが，L は一次過程で「快感原則」に沿っており，現実原則に添う K とは根本が異なっています。

たとえばアナライザンドが異性の分析家に恋愛感情を抱き始め，相手の愛を確かめたくなるとき，そこでは K というアナライザンドが自分自身について知ろうとする，精神分析に本来求めていた在り方はいつのまにか放棄され，分析の場はアナライザンドの 'L' が支配した状況になります。つまり，彼/彼女を分析家が好きかどうか，彼/彼女に好意や愛情を持っているかどうかだけが唯一の関心になってしまうのです。伝統的に '恋愛転移' と称される事態です。典型的には，ヒステリーにおいて見られますが，もちろんさまざまな病態に認められる関係の持ち方です。

ここで分析家も一時的にしろ，アナライザンドへの恋愛感情を高めてしまうなら，ふたりのつながりは，L リンクとなってしまい，その分析空間では快感や性的興奮だけが求められ，洞察という赤ん坊はまったく創造されません。すなわち，精神分析ではなくなってしまいます。けれども，これは実際に歴史的にも起こっていることです。たとえば「性格分析」を著した精神分析創成時代の分析家ウィルヘルム・ライヒはアナライザンドと恋愛関係に陥り，離婚してそのアナライザンドと結婚しました。ここには洞察が生まれる余地はなく，結局離婚に至りましたが，ライヒ自身はオーゴン・ボックスという性オルガズムを解放させる紛い物の機器を作り，終いには刑務所に入りました。L を追い求めたひとつの悲しい末路です。彼は，精神分析過程では，L をいかに K リンクに戻すかが大切であることを示す反面教師でした。フロイトが「転移性恋愛について」(1915) とい

う，恋愛感情の取り扱いについての注意をうながす論文を書かざるをえなかった，目に入る悲しい事実が創成期の精神分析家には少なからず発生していたのです。

　Lの表現形は，恋愛とは限りません。治療者を万能的に理想化して親愛の情をクライエントが見せるということも起こりやすいことです。そのとき治療者がこの関係に充足し，愛情で応えるのなら，Lリンクが成立します。そこに在るのは，全知全能の治療者と，その治療者にすべてを委ねているのなら幸福が手に入ると期待しているアナライザンドという，宗教的な絶対関係の世界です。その多幸な世界は，精神分析での自己への理解を深める世界ではありません。

　また，退行した乳幼児的な'甘え'もLに入ります。甘えに攻撃性がまざったものに，'拗ね'があります。いずれにしても，Kを排除したLは，貪欲さという対象を呑み込み，食い尽くすという創造を欠いた破壊的関係となるだけです。

　愛情欲動に基づく関係の持ち方がLと考えるなら，Lこそが情緒的つながりの中で最も望ましいものであると考えられる方がいるかもしれません。確かに社会では，無償の奉仕や我が身を捨てた献身というものは愛情のもっとも美しい形態，「至上の愛」として認められています。しかしその本質は，一対一の二者関係での無限の時間という想定をその基盤に置いています。つまり，母親と乳児の関係での乳児にとってまさに最初の至福の永遠のときです。ですからそれは「至上の愛」であり，憧れ続けられるのです。

　しかし現実には，そこで献身する母親は美しいとしても，乳児はずっと世話される赤ん坊のままにいるのではなく，そのこころは成長しなければなりません。それより「永遠の楽園」にとどまる方を好むでしょうか。いや，こころは成長しないではおれないはずですし，私たちが自分で生きていくということは，時間と空間という現実の限界を知って生きていくことです。それには，Lですませるのではなく，Kが欠かせません。精神分析はこころの成長を意識していますから，分析の契約や構造という現実を導入するのです。

　精神分析は無限の作業ではありません。必ず終結するものです。しかし

精神分析体験の只中では，そのつながりが無限や永遠のようにアナライザンドに感じられるときもあります。そのときLや後述するHも発生します。しかしある時期から分析の終結は意識されますし，そこに不可欠なのはやはり，Kなのです。

3. H

Lと対照的な感情である'H'についても同様のことが起こります。精神分析をみずから求めてきたはずのアナライザンドが精神分析過程で，突然，あるいは徐々に分析家に強い怒りや憎しみの攻撃を向けてきます。それは，分析家か精神分析そのものを破壊しようとしているかのようです。境界パーソナリティ障害や自己愛パーソナリティ障害との分析でよく認められる過程です。

あるアナライザンドは常に死を願うほどの重い抑うつの苦しみを抱えてさまざまな治療を受けたにもかかわらず苦しみは続き，最後の拠り所として精神分析を求めてきました。ところが精神分析を始めてもその人が思うようにはまるで楽にならないという苦痛から，分析家の存在自体が彼の苦しみの源泉であるかのように，激しい憎悪を向けてきました。面接の間中，「精神分析なんて，何にもならないくそみたいなものだ。あんたは，分析に自分を縛り付けて苦しめて，どこが面白いのだ」と分析家を罵り，脱価値化します。Hの心性です。あるいは，「あなたはお金も，地位も，居心地のよいオフィスも手に入れている。自分には何もない」と強い羨望に充ちた憎しみが向けられます。

このように絶え間なく憎悪や非難を浴びせられ，分析家も「なんて嫌なアナライザンドだ。叩き出してやりたい」と内心憎しみに駆られ始めます。こうしてアナライザンドと分析家の間のHリンクが成立します。

これもまた，その関係の交わりで洞察が産み出されるにはほど遠い状況に至っています。たいていの場合，治療者が賞賛され万能者として理想化された分析初期の心地よい状況が，憎み合う不快な関係に一変してしまうのです。これこそが，パーソナリティ障害や精神病との分析の困難さを象徴する過程です。

もっと潜在的な形で，Hが分析家に向けられることも稀ではありません。表面では分析家に迎合する態度の背後に，強い嫌悪や憎しみが置かれていることです。あるアナライザンドは実際の面接場面ではまったくそうした言動は見せず，分析に意欲を見せていました。けれども内面では面接を，血みどろの闘いという殺し合いのイメージでとらえており，お互いが憎しみあって殺しあう場面を夢を通して表しました。

4．K versus L or H

　もちろん，分析家のつながりの持ち方はKであるが，アナライザンドそれはLかHであるという事態も発生します。むしろこれは，精神分析の経過に認められる比較的オーソドックスな分析関係のひとつでしょう。いわゆる'抵抗'と呼ばれる現象の背景に潜む感情です。

　一方，アナライザンドの関係の持ち方はKであるにもかかわらず，分析家がみずからの病的な逆転移に支配されているため，分析家はLもしくはHであるとの深刻な事態も発生します。このときには，分析家がそうした好ましくない状態にあることを伝えるヒントをアナライザンドが何らかの形で，たとえば「患者による無意識のスーパーヴィジョン」（Langs, R. 1978），「患者による無意識の批判」（Casement, P. 2002）として示しているものです。そこに私たちは目を向けなければなりません。興味深いことに，これらの分析家の逆転移へのアナライザンドからの無意識の警告を認識したラングスもケースメントもビオンに負うところの多い分析家です。

　あるアナライザンドはセッションで不快に感じる同僚について話していました。その同僚は，アナライザンドの話を聞いているようで話題を自分の話したいことに持っていき，そのため彼は自分の話したいことを話せないと強い不信を見せました。聴いていた私はこの話題のコンテクストから，同僚を通して彼が最近のセッションにおける私のことを語っていると理解し，それを伝えました。彼は肯定し，こうして彼の私への不信が語られ始めました。この最近のセッションで私は，彼がこころを重要なテーマからそらそうとしていると感じ，内心不快に感じていたのは確かでした。それ

ゆえ私がKにとどまれず，Hに傾いていることを彼は感知し，無意識に批判していました。

また，分析家はHで，アナライザンドはL，分析家はLで，アナライザンドはHという関係性も現れます。これはさほど多いことではありません。しかしいずれにしても，何より分析家がKに向けてみずからの態勢を立て直さなければなりません。やはりアナライザンドからの無意識の警告に耳を傾けるべきときなのです。

5. マイナスK／−K

K，L，Hに加えてさらに，私たちが認識していなければならないつながりの性質として，Kの病理的な形態である 'no K' と '−K（マイナスK）' があります。そしてこのふたつの関係性こそが，ときとして表面では見えない相互交流の大きな障害となるものなのです。

'マイナスK' は，K (Knowing) の負 negative の形です。それは，真実を '知ろうとすること' を覆い隠すための知識の使用を指しています。つまり真実を見えなくするために知識を使うことです。

一般的な分析場面では，デリケートな形でこのマイナスKの関係性が維持されます。まだ精神分析を始めて間もない男性アナライザンドが夢を報告しました。その夢は海辺の家に彼が独りいるという情景でしたが，そこには孤独感や抑うつが見られ，この夢を通して彼が抱えてきた疎外感を私たちは検討していきました。ところが，それから6カ月ほど経った頃になって，彼はあの夢では実はある女性とともにいたことを初めて語りました。彼は意図的に二人の場面を排除してひとりの姿として私に話したのでした。そうしたのは，その女性との親しみを語ることで，私から軽蔑され，私との間での親しみを私から剥奪される，つまり分析を中止されると転移的に恐れていたからでした（その女性とは実際に彼はしばらく前まで同棲していました）。私との関係に信頼が幾らか置けるようになるには，これだけの期間がまず必要でした。改造され隠蔽された夢についてのあのときの解釈は，事実を見るには不適なそれだったのです。つまり夢の内容よりも，その偽装された夢を持ってきた彼のこころ模様が，私が取り上げる必要があっ

たものだったのです。

　ビオンは，乳房と乳児の関係でのKとマイナスKを対比して述べています。ここに引用しましょう。

　　「乳児は死にそうな恐怖感を分裂排除し，平静な乳房に対する羨望や憎悪とともに乳房に投影する。……Kの場合の乳房なら，それに投影された死の恐怖の中の，恐怖の成分を和らげるだろう。そして乳児はやがて，自分のパーソナリティの，今や耐えることができ，したがって成長を促がす部分を再びとり入れるだろう。それに対して，－Kの乳房の場合，乳房は死の恐怖の中のよい価値のある要素を羨望して取り除き，価値のない残遺物を乳児の中に押し戻すと感じられる。死にそうな恐怖に始まった乳児は，言いようのないひどい恐怖を抱える結末に至る」（経験から学ぶ 1962）

　日常生活の中に見られる典型的なマイナスKは，詐欺師の会話や嘘つきの発言です。彼らによってことばは豊かに使われますが，使われれば使われるほど，事実を隠蔽し虚構を構築してしまいます。ちなみに「嘘つきは泥棒の始まり」とは昔の人はよくぞ言ったものです。マイナスKが，反社会的な在り方の本質にあることを見抜いていたのです。

　実際，私たちが臨床で出会う病態では，パーソナリティ障害，とくに反社会性のパーソナリティ障害，自己愛パーソナリティ障害，摂食障害，嗜癖や性倒錯の人たちにおいて，マイナスKというつながりが意識的に作られます。

　たとえば，慢性化した中核的な摂食障害患者（自己愛パーソナリティ障害）が，食物の万引きや自己誘発の嘔吐を常習的にしているにもかかわらず，「安いスーパーを見つけたので，食べ物は必ず買うことにしています」，「この頃，吐くのを我慢して食べるよう努力していて，ずいぶん慣れてきました。吐いていないのを母親はまだ信じてくれないけど，先生はきっと信じてくれると思います」と言うようにです。この人たちは，私たちとマイナスKのつながりを持ちますが，同じように自分自身に向けても意識的にマイナスKを向けているのです。彼女らは，無理にやせを維持することでは何ももたらされないともはや自分でも分かっているにもかかわらず，その閉

塞状況しかない絶望の現実を見ず，そこに希望の未来があるかのように，偽りを自分自身に言い聞かせ続けます。

　また，精神病の人たちにおいてもﾏｲﾅｽK の交流は特徴的なものです。しかし，彼ら/彼女らは意識的にみずからにﾏｲﾅｽK を向けるのではありません。それは意識の外で暴発的に活動します。つまり無意識の活動なのです。ここに意識的にﾏｲﾅｽK を持ち込むパーソナリティ障害との違いがあります。

　精神病の人たちでは，'妄想'形成という形で激しい攻撃性が充満した偽りの現実が感知され，真実/現実は完全に拒絶されてしまいます。このタイプのﾏｲﾅｽK が進展するとき，閉鎖病棟に入院中の統合失調症者に明瞭に見られる，体系だった妄想世界というﾏｲﾅｽK によって組織化された世界が着実に築かれることになります。

　そうした精神病でのﾏｲﾅｽK のつながりを対象関係という視点からもっと精密に見ると，それは——K を通常の見方としたときの——通常でない見方であり，敵意に満ちた乳房の特性を持っています。乳房の不在がもちこたえられ現実として K されたとき，そこに「乳房」ということばが生まれます。しかし，乳房の不在が－K されるのなら，そこでは「乳房」という語は乳房を表象する語としては認識されず，「無－乳房」そのものの現れ，つまり思考は物であり，「無－乳房」そのものの特徴のひとつと考えられます。すなわち敵意に満ちた乳房の存在です。ある統合失調症の女性は 10 年以上前にボーイフレンドとの別れを体験しました。けれども，彼女にはその現実が認められませんでした。それからしばらくして彼女が体験するようになったことは，別れた彼が彼女に絶えずつきまとっていて，彼女がどこに行っても彼女の視野の一角に現れ，彼女にいやがらせを続けるというものでした。

　この関連で，かつて空間があった場所としての－K「空間」についてビオンは述べています（変形 1965）。ﾏｲﾅｽK「空間」は，ありとあらゆる性質・物・対象が実在を（いわば）「所有」していることに対して暴力的で羨望する貪欲な無−物によって満たされています。一方，K「空間」は古典的な分析が発生し，古典的な転移の出現が「知覚可能」になる場所です。

6．no K

'no K'（ノーK）は，not Knowing/ignorance，無知なままにしておくことです。知ろうとしないことでもあります。その極端な例は，精神病性の昏迷状態です。それは精神機能の完全な麻痺によって，無知なままにおかれている病態です。しかしそれだけではなく，no K は，私たちの日頃の面接場面でも，さまざまな病態の人たちとの間でよく出会う心的姿勢でもあります。

「わかりません」，「関係ないでしょう」といった返事も，no K というつながり方の別の例ですし，「そうですね」や「そう思います。どうしてなんでしょう」という肯定的に聴こえる答えも，no K でありえます。そこに，知ろうとする好奇心がほんとうに働いているかどうかが K と no K を識別する要点です。自己愛，あるいは躁的な心性に見る，もはや何でもわかっているので，改めて知ることは何もないという万能的な'全知'という在り方も，no K のもう一方の極端です。そこでは好奇心が傲慢さや愚かさに取って代わられています。

ヒステリーの古典的特徴に挙げられる，ある身体部位の運動麻痺や不随意運動があるにもかかわらずまるで何も困難は生じていないかのように振る舞う'優雅なる無関心'も，no K のもうひとつの例です。「記憶喪失」と世間で言う，日常生活に必要な社会的なことがらはすべて認識でき記憶しているが，自分自身に関するすべてだけを忘れてしまっているという病態を'全生活史健忘'と言い，ヒステリーの一類型ですが，彼/彼女は，その自分がわからないとのことに深刻に悩もうとしません。知らないことに落ち着いています。また同じく，解離を繰り返し別人格が入れ替わり現れる人物（多重人格/解離性同一性障害）も，それによって知らないことを達成しています。その本質は，no K なのです。そしてこれらの no K の達成は，前意識的なこころの操作によってなし遂げられています。つまりその人はその真実を知っていながら，知らない自分を達成し，その達成についても知らないことにしてしまうのです。

表10 負の形の二者関係のリンク（追加）

```
no K
minus K（−K）
minus L（−L）
minus H（−H）
```

7．−L/マイナスL　−H/マイナスH

　ビオンはさらにLとHの負の形態である'マイナスL'や'マイナスH'にも言及しています。しかし，その性質についてはほとんど触れていません。

　私は'マイナスL'については，そこに愛情のかかわりがあるのだが，それは対象や主体のこころを蝕み空洞化する偽りの愛情であると見ます。LはKを不可能にするものですが，マイナスLは主体のこころの本質を能動的に壊すもっと破壊的なものであるようです（松木 2005）。一方，マイナスHについては，私はいまだ語れません。

　こうして述べてきたところでおわかりのように，K以外の関係の持ち方，すなわちL，H，（マイナスL，マイナスH），そしてなかでもマイナスKとno Kは，経験から学ばないつながり方なのです。私たちが'経験から学ぶ'ためには，Kの心的姿勢が不可欠なのです。

　付け加えておきましょう：「真実を知ることの怖れはあまりに強力なので，真実の多量服用は致命的なのです」（LA　1976）。

11. 母親と乳児の関係についてのモデル

「乳房に賦与された性質は，観察者と被観察者の機能である」（変形　1965）

　精神分析での分析家とアナライザンドの関係性についてのモデルは，乳幼児期の親子関係です。この親子関係を分析関係のモデルにすることには根拠があります。それは治療の対象となる心的葛藤，こころの病理の起源が，乳幼児期の親子関係の中で形成され，それが精神分析の中で転移として再現，展開されるという精神分析臨床からの証拠があるからです。すなわち分析関係は，アナライザンドが乳幼児期というかつての親子関係の葛藤や欠落を今ここでその人物のこころの真実として主体的に表現し，それを分析家と一緒にワークスルーしていく場なのです。表現を変えるなら，分析空間の中で私たちはアナライザンドの乳幼児の自己と出会い，交流していくのです。

1．フロイト，クライン，ウィニコットの親子関係モデル

フロイト

　フロイトは，両親との間にエディプス葛藤を体験する子どもという三者の関係を，親子関係の原型的なモデルとしました。この場合，子どもは2歳から5歳の男の子です。そのエディプス三角の実際状況をフロイトは，馬恐怖や外出恐怖を呈した5歳の男児「ハンス症例」において描き出しました。幼い男の子は，母親と結婚し父親は排除するというエディプス願望を空想し，父親と競うゆえに父親からの去勢の報復の怖れも空想します。そして両親との間でこの葛藤状況の解消を試み，たいていはエディプス願望充足を放棄します。

クライン

その後クラインは幼児の精神分析を通して，より早期の病理を探索し，離乳が中核葛藤となる母子の二者関係を分析的関係性のモデルに置きました。この場合，子どもは生後まもなくから2歳までぐらいの乳幼児であり，その性別は問題にされません。クラインはエディプス葛藤も，外界に存在する両親ではなく，母親の身体（とりわけ，乳房）を舞台にした早期エディプス状況としてフロイトよりもずっと早い時期に位置づけました。そこでの無意識的空想の活動を重視しました。なによりクラインは原型的なモデルを，早期の乳児と乳房の関係に置いたのです。

ウィニコット

クラインが提示した母子関係モデルのひとつの展開が，母親的に抱える分析家と抱えられるアナライザンド，というウィニコットの関係モデルでした。

この発達的対象関係モデルには，母親がふたつの機能を持っていることが示されています。ひとつはすでにクラインが明確にしていた，欲動や投影が向けられる内的な'対象としての母親'であり，もうひとつはその子を抱え保護し交わる外的にホールディングする外界'環境としての母親'です。

ウィニコット自身は，このふたつの機能が分化してしまわず不明瞭な形，かつそれと認識されることもなく乳幼児に体験されるところに乳幼児のこころの成熟過程が進むと見ましたが，この点は別の機会に検討することとして置いておきましょう。ウィニコットは，内的な母子関係の重要性に加えて，**外界の**母親が実際に乳幼児に提供するものの重要性も強調したのでした。それはウィニコットによるクラインの精神内界重視の母子関係モデルへの批判的追加であり，おそらく彼が小児科医として子どもを連れてきて同席する母親に日常的に会うという，精神分析とは異なる設定で働き続けていたゆえに実感した母親の機能であったと思われます。

クライン,再び

　ここでクラインに戻ります。メラニー・クラインその人は,精神分析関係の基底モデルである乳児と乳房の関係性において,乳児による乳房への投影やとり入れという乳児の内的世界でのこころの活動とその影響の大きさを描き出すことに専心していました。子どもをみるにしても,クラインはプレイ・アナリシスという精神分析の設定を固持し,その設定内で働く精神分析家でした。そのため外界の母親は,乳児がみずからの欲動や内的母親対象を投影していくその受け皿ではあっても,母親が外界に存在するその人として乳児に能動的に働きかける可能性は理論化されませんでした。つまり分析場面において分析家が,アナライザンドが内的母親対象を転移・投影する人物として在ることは,母親が乳児の投影の受け皿になることと重なりますが,それでは投影を受けている分析家がどのような位置からその投影を変容させる解釈といったかかわり,交流ができるのかについては不明瞭なままです。分析家がアナライザンドの内的な対象を投影されているだけであるなら,分析家の解釈も内的な対象のことばとしてしか受け取られません。それでは,彼/彼女の投影同一化は修正されないでしょう。

　実際クラインは,解釈こそがこころの変容を引き起こす分析技法であると考えていました。だが,それは乳首を含ませてよいミルクを与えることであるとしても,クラインの母子関係モデルでは描かれていません。

　ちなみにクラインの考えに賛同していたストレイチー,J.は,論文「精神分析の治療作用の本質」(1934)において,精神分析過程で分析家は,アナライザンドの内的構造での,より穏やかな'補助超自我'の位置を得ると見ました。それはもともとの蒼古的な超自我対象とは異なっていますが,やはり,アナライザンドの内界に位置づけたのです。このモデルは解釈する分析家の位置づけを,補助超自我の立場とはっきりさせました。しかしストレイチーの論述には,みずからの投影に気づくために解釈を受け取れるアナライザンドの力量に,分析家が働きかけるすべは見当たりません。アナライザンド自身が,分析家に'空想対象'を投影していたと**自発的に気づく**のを待つしかないのです。投影の外にいる分析家/母親という存在は位置づけられないままでした。このままでは,治療者は新たなよい内的対象として,クライエントに語りかけるという'修正感情体験'をも

たらす存在です。内的な悪い母親に，分析家というよい母親が取って代わるところで，そのよい対象のことばとして解釈が聞き届けられるとのことになります。つまり悪い母親が直視されることもなければ，悪い母親とよい母親の統合も起こりません。それが，クラインが意図していた見解でしょうか。いや，そうではないはずです。

　ここまでの記述で，ウィニコットの母子モデルがクラインからの展開のひとつであると私が述べたところがおわかりであろうと思います。

　しかしながらウィニコットはクラインと袂を分かちましたので，クラインは彼の発展形を認めませんでした。しかしとりわけクライン派精神分析には，実際に展開していく分析関係の質をもっと明確かつ根本的に表す関係モデルが求められていたのです。クライン派である以上，それはクラインが認める人物によって提示されなければならないのです。この潜在的に高まっていた強い要望に十二分に応えたのが，ビオンの母子関係モデルでした。

2．ビオンの母子関係モデル

　ビオンの描く赤ん坊は――もちろんそれは，精神分析でのアナライザンドの反応から類推される，そのアナライザンドその人に棲む内的な赤ん坊-自己ですが――快-苦痛原則に沿って一次過程反応を表します。それは，万能空想――その一面を'投影同一化'とクラインが呼んだものです――を抱いている赤ん坊です。

> 「赤ん坊は何かを実際にするわけではありません。つまり，何も起こるわけではないのです。しかし，赤ん坊はそうできるように感じます。」（LA 1976）

　すなわち，赤ん坊は授乳されているときや快適にまどろんでいるときにはその快に浸り，安らぎます。しかし飢えているときには，大人の言葉で言う'飢餓感'という苦痛なものがみずからの中にあることを感知し，それを自分の中から直ちに排出しようと活動します。赤ん坊は泣きわめき，からだも手足もばたつかせ，苦痛を体外に一挙に出してしまおうとするの

です。それは，快−苦痛原則に沿う赤ん坊が苦痛の処理のために排泄する空想をし，現実のことと対処しようと，そのようにふるまっていると言い換えることもできるでしょう。

　この赤ん坊の空想とそれに基づく行為を，ビオンはクラインが見出した万能空想である'投影同一化'のより原始的で具体的なものであると知りました。こうして赤ん坊は，具体物として体験されている飢餓感を実際に即座に体外に排出しようとし続けます。万能空想である'具体的な投影同一化'は続けられるのです。

　しかしここで私たちの視点を赤ん坊に同一化した位置から客観的に外から見るところに移してみましょう。すると，赤ん坊がいくら泣きわめいて排出しようとしても，それは空想に過ぎませんから，「何も起こるわけではないのです」。乳房が提供されないことには，飢餓感は無くなるどころかますます貯まっていくことがわかります。

　それはその赤ん坊にとっては，（万能空想では）排出した苦痛が，強引に自分に押し戻されている，さらに苦しくなるように押し込まれていると体験されます。何者によってか。それは，赤ん坊を苦しめるという意味での悪い母親，もしくはその部分対象である悪い乳房によって，激しく攻撃的破壊的になされているのです。そこで赤ん坊は苦しめてくる対象への強烈な憎しみを伴ってさらに激しく攻撃的に排出をおこない，その悪い対象を破壊し尽くそうとします。

　ここで現実には泣きわめく赤ん坊のそばに母親がいないか，いても何らかの理由——たとえば，強いうつか激しい不安にある，心配事でこころがそこにない，何らかの身体の病気で赤ん坊に気づけないか，世話できない，あるいは無知——でその赤ん坊にかかわれないとき，自分の中の苦痛の排泄と悪い対象への憎しみの攻撃——便や尿による攻撃的排泄——を続ける赤ん坊はそれらをやり続け，（それでも飢餓は続き）ある閾値に到達すると，もはや力尽きて崩れてしまいます。

　赤ん坊は突然にぐったりとなります。全身からあらゆる活気と力はなくなり，弱々しい声を出すか出さないかでほとんど死にかかっているかのようになってしまいます。赤ん坊は'**ばらばらに崩れていっている**'，'**壊れて無くなっていっている**'と感じます。赤ん坊の体験感覚から言うなら，

それは解体，崩壊，破滅の感覚でしょうし，大人のことばを使うなら，'死んでしまう'という感覚でしょう。**'言いようのない激しい恐怖'**です。赤ん坊によってはもう一度，みずからを立て直して苦痛の排出を続けることもあるでしょう。しかし実際，飢えがさらに続くなら，その子はほんとうに死んでしまうでしょう。

　しかしほとんどの状況において，その赤ん坊の近くには，母親か誰かがいます。そして泣きわめいている赤ん坊にやがて気がつきます。母親は，赤ん坊のひどく苦しげな様子に気持ちを向けます。あるいは，こころを砕きます。母親は考えるともなく考え，赤ん坊が飢えに苦しんでいることを知ります。そして自然に泣き続ける赤ん坊を抱き上げ，話しかけあやしながら乳房を与えます。

　母親からの働きかけがなされたこの事態を，赤ん坊が苦痛の排出のために泣きわめくという投影同一化の万能空想が，母親の現実的な反応を呼び起こしたということもできます。一者の空想が，外界の他者の**現実対応**を生み出したのです。**'現実的投影同一化'**とビオンが名づけたゆえんです。

　赤ん坊はもっぱら空想に生きていますが，母親は現実の世界のこととしてかかわっています。言い換えれば，赤ん坊が快‒苦痛原則に基づく一次過程で機能し表出しているものを，母親は──その赤ん坊の一次過程に基づく投影をそのまま浴びながら──現実原則に沿う二次過程で機能しながら，そのように変容させていくのです。大変重要な変換がここにあります。

3．母親のコンテイニング機能と赤ん坊の体験

　母親のこのかかわりを，赤ん坊は次のように体験します。

　母親からの授乳は，赤ん坊の飢餓感を和らげていくのですが，それは飢餓感という苦痛の排出がうまくなし遂げられていることとして体験されます。それは苦痛を与える悪い対象を撃退し，壊滅させることでもあります。母乳を飲んでいるときに排便すると，「乳房への欲求」という不満/苦痛を引き起こしていた悪い乳房/悪い対象がうまく排泄された，と赤ん坊は感じます（1962）。私たちの視点を母子の外側に置いて見るなら，赤ん坊のそれらの苦痛な感覚と対象は，母親の中にコンテインされました。引き

取られました。

　この苦痛が排出されてしまうと赤ん坊は快−苦痛原則に沿って，苦痛軸から快軸に切り換わり，'悪い対象'は消滅し，'よい対象'である，よい母親/乳房からの満足や心地よさという快，安心感という快をたっぷりもらいます。

　この一連の流れが，母親による'**コンテインメント**'によって達成されたのです。赤ん坊の（一次過程性の）内的体験の変容に母親が関与したのです。

　それだけではありません。**授乳や世話をしながら語りかける，歌いかける**母親によって赤ん坊はかかわられます。これらの母親のかかわりは，赤ん坊に体験している快や不快/苦痛の性質の仕分け，すなわち体験に意味をもたらします。たとえば，苦痛が飢餓感であるか，身体の痛みであるか，過度な暑さや寒さによる苦しさか，眠けであるのか，それらがそれとして赤ん坊に理解されてくるのです。

　つまり赤ん坊のこころには'ベータ要素'として快か苦痛の具体物であったものが，母親に受け取られ，コンテインされ，母親の中に滞在し，その滞在の間に母親の'アルファ機能'の関与を通して，飢餓感やからだの痛みという意味を内包した考えられるもの，'アルファ要素'に変換されたのです。赤ん坊にとって**考えられるもの**になったのです。換言するなら，排出するだけになっていた一次過程から，考えるという二次過程へと母親のアルファ機能によって変容されたのです。母親が変形させたアルファ要素を受け取るには，赤ん坊もこの間に発生している欲求不満にもちこたえないといけません。

　そしてもちこたえるためには，母親が十分な時間，その理解されない苦痛なものを母親のこころに滞在させておくことが，母親という環境の働きとして求められるのです。母親の'コンテイニング'とはこのことを指しています。

　このように母親と赤ん坊の交流において，母親が赤ん坊の一次過程の産物を変容するとともに，母親のアルファ機能のとり入れによって，やがて赤ん坊はみずからのこころにおいて一次過程機能そのものも二次過程機能へと変容させるようになるのです。逆にアルファ機能がとり入れられない

ときには，空間の心的視覚像が欠けるため，**立体の構造をなす**コンテイナーという概念が作られず，赤ん坊はみずからのこころでは（三次元的な活動である）投影が扱えません。

　この共存的な母子関係が内在化されることで，前概念が感覚印象と交わって概念を作るための装置を赤ん坊のこころにもたらします。このコンテイナーとコンテインドの成長が，経験から学ぶための装置の基礎となるのです（1962）。

　こうしてみるとおわかりのように，ウィニコットの'環境としての母親と対象としての母親'に，ビオンの母親のコンテインメントやアルファ機能がおおまかには対応していることが理解されると思います。

　しかし違いも明瞭にあります。ウィニコットは外界も内界もはっきりしないあいまいさの中での一体となっている母子の交流，そしてその交流をホールディングする母親を描き出しました。ビオンは異なります。あくまでビオンは，二者が明確に分離している赤ん坊と母親の内的体験としての交流を描いています。その内的体験は外界での交流の形態もとるのです。

　分離している外界の母親が心的にコンテイニングするものは，赤ん坊の内的感覚なのです。そして赤ん坊の思考や考えることに働きかけているのです。この母親の態度は，精神分析での外界の分析家が耳を傾け，理解し，解釈するという在り方と重なるものです。ウィニコットが解釈をやがて心的栄養の供給というよりも，分析家の限界を示すこと，つまりホールディングの機能の一環と位置づけていったことに比して，ビオンは解釈することとはアルファ機能の活動であり，こころに必要な栄養の供給と考えました。

　このようにしてみますと，ビオンの提示する母子関係はクラインの内的母子関係の世界を忠実に，しかし明らかに，それを超えて発展させたものであることがわかられると思います。こうして彼の貢献によってクライン派精神分析は，精神分析過程に適う母親と乳児の発達過程を手に入れ，外界に在る精神分析家の解釈機能の適切な位置づけも得たのです。

　余談になりますが，ビオンが乳児の苦痛をコンテイニングする母親という母子関係を提示した当時，すでに1960年にクラインは亡くなってしまい，彼女のコメントは得られませんでした。そのときウィニコットはビオ

ンに，あなたが提示している母子関係は，私が繰り返し提示し，クラインが拒絶したものであると伝えました。それはその通りだったのですが，もし生きていたのなら，クラインはウィニコットの母子モデルとビオンの母子モデルの違いに気づいたでありましょう。

4．欲求不満に耐えられない赤ん坊

さて，欲求不満にもちこたえる能力が過度に不足している赤ん坊の場合を検討する必要もあります。母親がたとえどれだけ適切かつ献身的であったとしても，つまり，母親は十分なコンテイニング機能を保持しているとしても，赤ん坊が，言ってみれば体質的に欲求不満にもちこたえる能力を欠いているため，母子の交流が破壊的になることもあるのです。すでに第7章でも述べていますが，この場合の赤ん坊（のパーソナリティ）は，欲求不満に耐える能力をはなはだしく欠いているため，母親の提供するものについて負の産物だけを受け取ります。

その結果は，離乳において，乳房がないという無-物を「無-乳房がある」，続いて「乳房がない」という定義的仮説水準の思考にできないことです。つまり，乳房の喪失に圧倒されているため，前概念に進めず，乳房の代わりに持つかもしれない'思考'を受け容れられないことです。具体的な体験のみが持続します。すなわち，幻覚された悪い乳房/悪い対象による破壊的な攻撃を体験するか，万能空想での内的悪い乳房/悪い対象の排出を体験するのです。

5．母親のコンテインメント

ここで母親のコンテインメントという概念を復習してみることも役に立つところがあると思われます。

第1章コンテイナー／コンテインド　において述べてきましたように，コンテイン contain という日常的なことばが精神分析で重要な用語となったのには，ビオンが決定的に貢献しています。なかでもコンテインメント containment は独自の意味あいを持つようになりました。

6．ビオンによるコンテインメントの概念

　ビオンがコンテインメントの概念を初めて著したのは，論文「幻覚について」(1958) においてでしたが，くわしく提示したのは「連結することへの攻撃」(1959) でした。そこで陰性治療反応様の分析体験を次のように述べました。

　　「患者が，私の中に憩わせたかった彼のパーソナリティ部分を，私によって入れさせてもらえなかったと感じていることを示す要素があるが，この見解に私を導いたこれに先立った連想があった。
　　すなわち患者は，彼のパーソナリティには強烈過ぎてコンテインできないと感じられた死の恐怖を，彼自身から取り除こうと懸命であった時に，その恐怖を分裂排除し，それらを私の中へと置き入れた。その考えは明らかに，その死の恐怖がそこに十分に長く憩うことが許されるならば，それらは私の精神によって修正を受け，そして安全に再とり入れできるというものであった。
　　私が覚えている場面で，患者は，私が五番目の例，蓋然性の雲の中で示している理由とおそらく類似した理由で，［解釈によって］私がそれらを余りにすばやく排泄したので，その感情は修正を施されずに，さらに苦痛なものになったと感じたのだった。」(p.110　［　］内は松木の追加)

　ここには，境界精神病患者との分析場面での患者の投影同一化物，つまり死の恐怖にかかわる分析家ビオンの早すぎる解釈が引き起こしたコンテインメントの失敗が描かれています。それから続けて彼は，乳児期の母子関係における再構成を語ります。

　　「この分析状況は，私のこころの中に，極めて早期の光景を目撃しているという感覚を築き上げた。
　　患者が乳児期に，乳児の感情表出に義務的に反応した母親を体験したと私は感じた。(母親の) この義務的な反応の中には，我慢がならない，『私にはこの子のどこが問題なのかがわからない』という要素があった。

116　第2部　精神分析での関係性

　　私が演繹したことは，子どものほしいものを理解するには，子どもの泣き声を母親の存在への要求以上のものとして母親が扱うべきだったのに，というものだった。子どもの観点からいえば，母親が，子どもの'死につつある'という恐怖を彼女の中にとり入れて，そうしたものであることを体験すべきであった。子どもがコンテインできなかったのが，この恐怖だった。子どもは，この恐怖が置かれているパーソナリティ部分と一緒に，それを分裂排除し，母親の中へ投影しようと懸命だった。
　　理解ある母親は，おぞましい感情──赤ん坊が投影同一化によって処理しようと懸命になっているもの──を体験できるし，そうしながら均衡の取れた姿勢が保持できる。こうした感情に耐えられずに，それらが入ってくるのを拒否するか，その乳児の感情のとり入れがもたらした不安の餌食になってしまう反応を呈した母親に，患者は対処しなければならなかった。私が考えるに，後者の反応はまれで，拒否が支配的だった。」(p.110-111)

このようにビオンは，分析場面において生じた困難な交流状況を見ていくことから，分析家／母親のコンテインメント／コンテイニング機能を浮き彫りにしたのでした。
　この陳述は続く論文「考えることに関する理論」(1962)でさらに洗練されます。

　　「乳児が'死につつある'と感じれば，乳児は'死につつある'という恐怖を母親の中に生じさせることができる。バランスのよい母親はこれらの恐怖を受け容れて，治療的に，つまり，その怯えたパーソナリティを再度乳児に耐えられる形で，恐怖を乳児のパーソナリティに取り扱い可能な形で，受け取り戻しつつあると乳児に感じさせる仕方で対応できる。
　　母親がこうした投影物に耐えられないと，乳児はさらに強力かつ頻繁に投影同一化を実行し続けざるをえなくされる。ますます強引に実行されることで，投影物からその意味の陰影が剥奪されるようにみえる。」(p.120)

同じテーマは同論文内でもう一度言及されます。

「乳児と乳房との間の関係が，感情，たとえば乳児が'死につつある'という感情を母親の中へと投影し，それが乳房の中で憩うことで乳児の精神に耐えられるものにされた後に，乳児がそれを再とり入れすることが許されるならば，正常な発達がそれに引き続いてくる。その投影が母親によって受け容れられないと，乳児は，その'死につつある'という感情の持っている意味が剥奪されると感じる。したがってそれは，耐えられるものにされた'死につつある'という恐怖ではなく，言いようのないひどい恐怖を再とり入れする。」(p.122)

このようにビオンは，クラインが提示した万能空想である投影同一化を対象関係の中に確実に置きました。アナライザンド/乳児は内なる耐えられない苦痛で破壊的なものを，投影同一化/排出しますが，それに対応する分析家/母親のコンテインメントによって，アナライザンド/乳児のこころの正常な発達か病理の発生もしくは増悪というその結末が左右されることを示しました。

ここで注目しておかねばならないのは，ビオンの提示する二者の交流は，具体的な様相を呈しており，母親の授乳・抱っこ，分析家の傾聴・解釈といった現実の反応を引き起こすものであるのですが，その本質は両者のこころの交流，内的交流であることです。赤ん坊/アナライザンドにとっては，内的な対象との間での一次過程に基づく万能空想を展開しているのであって，対応する外界の母親/分析家はそれをこころで受け取り，彼らの心的機能（アルファ機能）によってその意味を知る，そして変形して返す，つまり，赤ん坊のこころを二次過程機能に変容させていくのです。ここに，コンテインメントという精神分析での分析家-アナライザンド関係を理解する新しい母子関係モデルが提示されています。

7．今日の分析家によるコンテインメントの理解

続いてビオンの考えを消化してきた現代の精神分析家が定義づけているコンテインメント論を紹介しましょう。

1) リーゼンバーグ-マルコム

まず英国協会クライニアンの中で最もビオンに詳しいリーゼンバーグ-マルコム,R.の語るコンテインメントです。彼女の定義は次の通りです。

　「相手から投影されたものを自分の内部に受け止める個人（あるいは，対象）の能力であり，そこでその個人は，コミュニケーションとしてそれを感じたり用いたりすることが可能で，それを変形し，最終的に修正された形でもとの主体へと与え返す（あるいは，戻す）。」（2001）

この定義は，洗練されて大変簡潔にまとめられています。しかしそのため逆に，この交流に内包される生々しい恐怖や怒りといった感情の動き，思考の発達，さらには心的発達的位置づけが省かれ，意味の陰影が剥ぎ取られてしまっていると言えなくもありません。ただこれが，今日の教科書的理解と言ってよいでしょう。

2) ガーランド

次に同じ英国クライニアンのガーランド,C.の記載を取り上げましょう。

　「コンテインメントは，母親が，赤ん坊の最早期の最も原初的な不安──放り出されることや忘れられあるいは遺棄されることや飢えたままにされること，解体の状態あるいは破滅の恐怖──の重要性を把握し，母親自身の中にとり入れることを意味する。母親はそうしたものに巻き込まれたり圧倒されたりせず，自分流に考えることができる。不安な赤ん坊からパニックを取り除ける母親がいるときに赤ん坊は，うまく取り扱える母親──つまりパニックによって不安定にならず，情緒的に重要なものを保持しておける母親──の型を最終的にとり入れる。結果として赤ん坊は，母親自身や赤ん坊の不安に耐え対処できる母親の能力を，いわば母乳と一緒にとり入れる。そしてこの内在化された母親が，不安にとらわれ続けるよりも，究極的には不安に対処し，ひいては不安について考える能力の基礎を子どもの中に形成する。この仕事は，手助けしてくれる環境に助けられながら，ほとんどの母親が直感的に行なうものである。」（2002）

ガーランドは，心的外傷を体験したケースを述べる中でコンテインメントを語っています。コンテインメントが不安に圧倒されるのではなく，不安について考える能力をもたらすことが彼女の記述が示しているところです。そしてそれは，母親の普通の能力であると言います。

3）ケースメント

　もうひとり，英国インディペンデント分析家ケースメント, P.を取り上げましょう。彼は次のように述べています。

> 「子どものとき，私たちには，私たち自身の中でうまく取り扱えないもの——ここには，私たちの怒り，破壊性，憎しみが含まれる——を取り扱うことができる重要な他者，とりわけ親が必要である。両親がこのコンテインメントを提供できないのなら，おそらく私たちは別の人たちにそれを探しに行くだろう。ほかの人たちにも必要なコンテインメントを私たちが見つけられないなら，私たちは他者には過剰な何かが私たちの中にあると信じて成長していくだろう。」(2006)

　ケースメントもコンテインメントを明瞭に定義しています。すなわち，子どもが自分の中で取り扱えない感情を，受け取り，取り扱えて，子どもに返せる親の機能です。ビオンは乳児水準でコンテインメントを述べましたが，ここではもっと一般化されています。そしてやはり，思考の発達という視点が不鮮明になっています。しかし何より特徴的なことは，剝奪された愛情を供給する対象に出会おうという'無意識の希望'というウィニコットの概念がこの背景に置かれていることです。つまり文脈の変容がなされています。

　この点についてはスィーガル, H が言及しています。彼女は言います：

> 「しばしばビオンのコンテインメントはウィニコットの抱っこする母親と同じと見られる。しかし，実際はふたつの概念はまったく異なる。なぜならウィニコットは投影同一化の概念を使わない。ウィニコットの見解では，母親は空間とコンテインメントを乳幼児に提供するが，あたかもその子が独力で発達するためであるかのようにそれはなされる。ビオンの場合，乳幼児の投影と母親の対応には絶

え間のない相互作用がある。しかし大衆化によって，乳幼児の部分はしばしば忘れられ，失敗はいつも母親の失敗と見られている。」(1998)

このようにコンテイニングが分析臨床に広く使用されることは，意味の陰影を多く加えたり，逆に剥奪したりすることになります。これはその用語が広まっていくときにはいかんともし難いことではあるのでしょうが，誰かのコンテイニング概念，コンテインメント概念をそのまま丸呑みするのではなく，私たちは自分自身のそれを創り保持することが必要なのでしょう。

8．ナルシシズムの問題

クラインは，出生直後には自他の分離が赤ん坊においても母親との間でなされているとみました。つまり赤ん坊にとっては，生下時から対象は，対象として自己と分離して別個に存在しているのです。ゆえに生まれてきたばかりの赤ん坊は，みずから乳首を探しそれを含みます。だからそのふたりの間，自己と対象の間にすき間（空間）があり，そこで投影（同一化）やとり入れが可能なのです。ビオンも同様に考えています。ビオンは，クラインが出産の体験が赤ん坊にとって外傷になると言っていたが，自分もそう思うと言っているのも，そこに分離が痛々しく体験されるとの含みがあります。

ゆえに対象が自己の延長となっている自他の融合である'ナルシシズム'を，投影同一化が過剰に作用して自他の，すなわち自己と対象の分離が消されたまったくの病理現象とみるとのクライン派の見解は，すでに『対象関係論を学ぶ』でふれてきました。自己への愛情と自己愛（ナルシシズム）は異なっているのです。そこからその後のクライン派分析家によってパーソナリティ構造の病理状態である'自己愛構造体'，'病理構造体'という概念が展開されました。ビオンにおいてそれは，パーソナリティの精神病部分として概念化されました（第6章を参照）。

ビオンはナルシシズムにかかわる別の視点も持ち込みました。ナルシシズム（自己愛）の対照は，ソーシャリズム（社会主義）であると位置づけ

ました。そして,「もしも自己愛的な愛情が満たされないと,愛情の発達は害され,対象愛へと広がることができない」(変形 1965) と言います。なぜなら,自己-愛 self-love には意味は不可欠であり,その障害では,意味もしくは意味の欠如にもちこたえられません。それが愛情の発達の障害になるのです。すなわち,無意味な宇宙は,自己-愛への本質的な脅威だからです。

9. 逆転移

ところで精神分析過程での逆転移とは,分析家の感覚や思考,空想であるのなら,ビオンの言う母親の,ひいては分析家のコンテインメント＋アルファ機能が,機能する逆転移であることは確かです。このようにして逆転移は排除されるだけではなく,むしろ機能的に活用されねば,分析家とアナライザンドの交流は成り立たないことがわかります。

飢餓感の苦痛に泣きわめいている赤ん坊に,母親はさまざまな想いを抱きます：「あらあら,お腹空かしているのね。かわいそうに」と愛しく思う気持ちにもなれば,「私も疲れていて眠いのに,もういやだ。いなくなればいい。私は赤ん坊のときちっとも大事にされなかったのに,この子は甘えて！」と憎しみも感じるでしょう。前者は考え機能する母親/分析家の逆転移でありましょうが,後者の排出の気持ちに近い逆転移は,そのままでは分析関係に生産的なものにはなりにくいものであることはおわかりでしょう。きちんと分析家の中で対処されなければならない逆転移です。この逆転移への対処も分析場面では忘れてはなりません。

興味深いことにビオン自身は,分析家のコンテインメント,アルファ機能,もしくは次章で述べるもの想いにおける感情や思考の在り様を逆転移とは呼びませんでした。それらは,逆転移とは別に置かれました。彼は逆転移という用語は,あくまでフロイトやクラインのいう狭義の概念に限局しました。すなわち分析家側の病理性の転移であって,分析家の自己分析を必要とするものです。しかしそれにもかかわらず,今日逆転移は広義に定義されています。

それでは次に,母親が抱くさまざまな想いに目を向けていきましょう。

12. もの想い

　レヴェリー reverie が'もの想い'の原語です。'夢想'とも翻訳されています。その原語はフランス語であり，フランス人作曲家ドビッシーの同名の曲はわが国では「夢」と名づけられています。

　さてここに，もの想いと夢想というふたつの表現を並べてみます；「母親は，夢想しながら赤ん坊に授乳している」，「お母さんは，もの想いにふけりつつ，赤ん坊にお乳を与えている」。私は，後者が醸し出す雰囲気が好きです。分析関係も後者の雰囲気でありたいと思います。

　もの想いは，母親の乳児への愛情と理解のニードの心的な供給源なのです。おわかりのように，もの想いは母親の愛情の表現形なのです。ですから母親のもの想いは，赤ん坊に「分かち与えられます」（経験から学ぶ1962）。

1. 定義

　もの想いについて，私は『精神分析事典』（2002）に，次のように書いています。

　　「ビオンが提示した乳児に対する母親，アナライザンドに対する精神分析家の心的態度である。
　　それは，乳児あるいはアナライザンドが自分のこころの中に置いておけない苦痛な心的体験や情緒を受け入れ，コンテイニングしていこうとする母親/分析家の心的態度であるし，思考の発達という側面からは，乳児やアナライザンドに向けて思考を発達させていくアルファ機能を提供していく態度である。ここではクラインに従いビオンは，生下時から乳児と母親は一体に融合しているのではなく，両者に分離があることを前提としている。その分離しているふたつの個体間での

精神の発達促進的な心的対応なのである。

　もの想いにふけることを通して母親は，乳児が苦痛のあまりに排泄（具体的な水準の投影同一化）している情緒体験を母親自身のこころでのもの想いの中にしばらく滞在させておく。そしてその情緒体験を苦痛がいくらか和らげられ，かつ理解されうるものに変容させ，それを乳児が受け入れられるようになったときに戻すのである。

　こうしてその情緒体験は，乳児の中でそのこころに置かれて意味を持ちうる思考へと変換される。もしここで母親のもの想いが提供されないか不適切なものなら，乳児が排泄したみずからの情緒体験は，その意味を持たない言いようのない恐怖となり，乳児自身のこころでは取り扱えない破壊的で具体的なもの自体としてその精神を破壊する。」

＊

　もの想いは，アルファ機能の因子であり，コンテインメントの実践形態と言えるのではないでしょうか。赤ん坊やアナライザンドが排出した心的内容物を母親や分析家が肯定的に受け取るというかかわりでの，母親や分析家のこころの在り方が'もの想い'なのです。

　それは，自由に漂う注意であり，自由な連想であり，自由な情緒であり，現実と空想の間を自由に漂う，開かれたこころなのです。

　先に述べましたように，グリッドでは，C3・C4・C5 および D3・D4・D5 にあたります。すなわち思考の成熟は，夢思考・夢・神話水準もしくは前概念水準であり，表記，注意，問いという思考の使用法がとられているときです。アルファ要素（B）のように意識化されがたいわけでもなく，概念（E）のように確立された考えでもありません。ここが'もの想い'の性質の重要なところと私は思います。

　そのもの想いの空間に，赤ん坊やアナライザンドの苦痛や不安，怯え，怒りといったあらゆるものが受け取られ収められます。そしてそれらの情緒は，そこにしばらく**滞在する**のです。ここにおいて変容が生じます。赤ん坊やアナライザンドの荒々しい感情は和らげられるとともに，意味をもたらされます。そうです。おわかりのように，母親の持つコンテインメント，そしてアルファ機能が作動できるこころなのです。

分析場面での適切なこころの状態としての分析家のもの想いとは，すみやかに眠りに陥っているこころの状態とすこぶる知的に覚醒しているこころの状態の境界にあるものだとビオンは言います。つまり前述したグリッドでのCとDの中間あたりの思考状態です。それは容易に移ろいやすいものですが，それによって，アナライザンドのこころの蒼古的なサインをとらえるのです。
　ここに述べたことがどんなことなのかを描いてみましょう。

2．母親のもの想い

　ベビーベッドのなかに赤ん坊がいます。その子は，自分では何かわからない内側に感じる苦痛を怒りや不安とともに，自らの体外に排出しようと泣きわめきもがき始めます。
　すると近くにいた母親は，赤ん坊のちがった様子に気づき，近づきながら「おやおや，××ちゃん，どうしたの」と赤ん坊に向かってやさしく声をかけつつ，赤ん坊をそっと抱き上げます。ちょっと揺すってみたり，「眠いのね。おねむしましょうね」と親しく声かけしながら，歩きます。キッチンに戻り，片手を使って，やりかけていた調理の火を消しておきます。赤ん坊はまだ不快なので，母親の腕の中で泣いています。でも，もがくことはなくなりました。泣き続ける赤ん坊に，子守唄や母親自身が好きな歌をやさしく歌いながらあやします。
　泣いた赤ん坊はちょっと暑そうなので，赤ん坊の衣服を緩めます。やさしく歌いかけ続けながら，風通しのよい涼しいところにゆっくり移動します。赤ん坊はいつのまにか泣きやんでいました。もう，うとうとし始めています。母親は「あら，××ちゃんは眠くなっちゃった。眠いね」と独り言のように声かけしながら，ゆっくり揺らします。赤ん坊は，気持ちよい眠りに入りました。母親は穏やかに「あ～あ，寝てしまったのね」とつぶやきながら，静かに移動します。赤ん坊の寝入った顔を満足げに見ながら，お休みの歌を小さく口づさみ，赤ん坊をゆっくりベビーベッドに下ろして，眠り続けられるようにそっとそっとベッドに置きます。赤ん坊はそのまま静かに寝続けます。

母親は，しばらくその様子を眺め微笑みます。それから一呼吸置いてベビーベッドを離れ，やりかけていた調理の続きに戻ろうと，キッチンに入り火をつけます。あるいは，あやしているときに思い出した，読みかけだった本を手に取ります。

赤ん坊は瞼の下の目を動かしています。手足も少し動かしました。夢を見ているようです。怖い夢ではなさそうです。

3．精神分析家のもの想い

面接場面でカウチに横たわっているあるアナライザンドは，頭が痛くてたまりませんでした。気持ちも重すぎるものでした。しかし彼女には，この気持ちや苦しさは分析家にはわかるはずがないとの確信があり，先日のちょっとほっとした体験を話してこの場の雰囲気をよいものにしようと，それを話していきました。彼女がその話を何とか生き生きと話し終えたとき，分析家が静かに言いました，＜今日のあなたは，ひどくつらそうです＞と。

彼女は驚いてしまいました。理解されていたのです。それから彼女は，いかに頭が痛くて，気持ちも重苦しいかを話し始めました。話しながら，涙はあふれ出し，止まってくれません。悲しくて悲しくてたまりません。気がつくと，分析家はカウチの向こうから腕を伸ばして，彼女にティシュペーパーを差し出していました。「すいません」と言いながら，彼女はその2，3枚のティシュペーパーを受け取り，涙をぬぐいました。この配慮がちょっとうれしく感じられました。しかし，それでも悲しくてたまりません。涙はとどまることなく溢れ出ます。

彼女は語り続けました。孤独を感じていること，誰も自分の苦しみを理解してくれないそのつらさを語りました。分析家は，相槌を打ちながら耳を傾け続けていました。彼女はふと気づくと，気持ちが少し楽になったように思いました。つらい自分に目を向けてもらっていて，世話してもらっているとも思いました。ひとりではないようでした。誰かがともにいてくれる，どこか懐かしい感じがありました。

ここで分析家は静かに語りました：＜ひとりは寂しく，そして傷ついた

苦しさを誰もわかってくれるはずがないと，ひとりで抱えていましたね。とても怒っているあなたに私も気がつかないと，あなたは私に腹も立つし，悲しすぎましたね＞。

　聴きながら彼女は，傷ついたこころの痛みを今更のように自覚しました。そしてその痛みは，痛いながらも自分の痛みとしてこころに置いておけそうでした。そのこころは，分析家にやさしく包んでもらっていると感じられるものでした。

　ここには，もの想いと解釈の関係も読み取られるでしょう。

4．もの想い，アルファ機能，コンテインメント

　もの想い，アルファ機能，そしてコンテインメントはどんな関係にあるのでしょうか。これらの三つの用語を，それぞれやや異なった側面に焦点をあてているが乳児にかかわる母親の機能を述べた同義語ととることもできるでしょう。

　しかし違った視点から極端にシェーマティックにとらえるなら，母親のアルファ機能は乳児の思考を扱い，もの想いは感情を扱い，コンテインメントは心的具体物を扱っていると言えるのかもしれません。乳児に対応している母親は，感覚体験を思考として実感させる**アルファ機能対象**として乳児にかかわっているのですが，それと同時に，母親は乳児が排出している耐え難い苦痛な感情を受け取り，その感情を滞在させておくもの想う対象としても，さらには乳児の内的自己や対象の解体・断片化をまとめ包み込む**コンテイニング対象**としても乳児にかかわっています。しかし実際には愛情ある母親は，その愛情を接着剤としてこれらの機能を連結させており，ひとつにまとまっている全体対象として乳児にかかわっています。母親自身が全体対象としてさまざまな機能が連結している姿にあるかぎりは，乳児もやがて全体対象として母親を体験し認識することになるでしょう。

　少し長くなりますが，ここでビオン自身の声に耳を傾けてみましょう。

　　「……私たちは，よい乳房と悪い乳房とは情緒体験であると仮定しなければならない。身体的構成要素すなわち母乳・飽満の不快もしくはその逆は，感覚にた

12. もの想い

だちに明らかになるので，ベータ要素がアルファ要素よりも年代では先であると私たちは認める。乳児が欲求不満に耐えられないことは明白であり，ベータ要素をただちに排泄することがアルファ機能に先立つだろう。心的構成成分，つまり愛情・安心・不安は身体的なものから区別されるが，消化に類似した過程を必要とする。アルファ機能という概念を用いることによって，それが何なのかは隠れるが，精神分析的探究によってある値がこれに見出されるかもしれない。たとえば母親が乳児を愛するとき，何によってそうしているのだろうか。交流の身体通路を別にすると，母親の愛情はもの想いによって表現されているというのが私の印象である。

分析で大人のこころを洞察することは難しいが，乳児のこころを思弁的な仮説によって洞察しようとすることよりは難しくない。だから大人におけるもの想いの研究は，この問題への入り口を与えてくれるかもしれない。

栄養管の消化能力のおかげで乳房とそれが供給する母乳を利用できるように，乳児の愛情と理解への欲求の心的な供給源であるもの想いから，もし乳児がもの想いを利用できるならどのような種類の心的な受容器官が必要とされるかを推論してよい。別の言い方をするなら，アルファ機能は，それが作用しなければベータ要素として排泄する以外の目的に利用できないままのものを，乳児が利用できるものと仮定した上で，母親のもの想いにじかに関係するこの機能の諸因子は何だろうか。

母親のもの想いのための能力は，ここでは内容から分離できないと考えられている。というのも明らかに，一方は他方に依存しているからである。もし授乳する母親が，もの想いを分かち与えることができないか，もの想いを分かち与えるが，子どもやその父親への愛情に裏打ちされていないのなら，この事実はたとえ乳児には理解不可能でも，乳児に伝わるだろう。心的な質は，交流の通路すなわち子どもとの結合に伝えられるだろう。何が起きるかは，これらの母親の心的な質と，それの乳児の心的な質への衝撃による。というのは，母親の乳児に対する衝撃は，カップルとそれを構成する個人の発達から見ると，アルファ機能による変形に従う情緒体験だからである。

もの想いという用語は，ほとんどどんな内容にもあてはまりうる。私はそれを，愛情か憎悪に満たされた内容のためにのみとっておくことにしたい。この限定された意味で用いると，もの想いは，もの想いしている者が，愛している対象に由

来するどんな「対象」も自由に受け取るこころの状態であり、だから乳児がよく感じているにしても悪く感じているにしても、その乳児の投影同一化を受け容れることができる。手短に言うなら、もの想いは母親のアルファ機能の因子である。」
(経験から学ぶ 1962)

5．もの想いの失敗

　乳児の依存をわが国では'甘え'と呼びます。赤ん坊が甘えるとき、それを気持ちよく受け取るのも母親のもの想いなのです。そして甘えを母親がもの想いに受け取れない——何らかの理由、たとえば強い抑うつとか不安で、母親はもの想いができない、あるいはこころが壊れている——とき、赤ん坊のこころには欲求不満がつのり、増大した苦痛があふれます。ですから赤ん坊は'わがまま'を表し始め、いっぱい'ただをこね'、もしくは'拗ね'て何とか母親のもの想いに受け取らせようとします。それでも受け容れられないとき、それは'恨み'として体験され始めます。その恨みが赤ん坊のこころを一杯にし始めるなら、赤ん坊は'かんしゃく'を破裂させるでしょう。しかし結局それらに圧倒され、こころを凍らせ、何も感じなくするかもしれません。あるいは、こころをばらばらにしてしまうかもしれません。

　ビオンはもの想うこころが受け取るものとして、おもに苦痛の排出を述べましたが、前述のように'甘え'、依存の排出を母親が受け取らない／受け取れないときも、重要な問題を発生させます。

　ある強い抑うつと不安を訴えた女性の母親は、彼女がものごころついた頃にはすでに強い不安に圧倒されて寝込んでしまっており、その母親のこころにはもの想いが醸成される余地は微塵もありませんでした。そのため、彼女は乳児期から小児期まで母親に甘えるすべを持ちませんでした。彼女は甘えもわがままも出すことなく、むしろ彼女がひたすら母親を慰めていました。その結果、彼女は他者に決して甘えることのない、一方他者からは貪り食われるように甘えられる自己を作り上げました。そして'恨み'は彼女の中に抑え込まれ、ただ決して出してはならない不気味で危険なものに成っていました。彼女がその意味を知るには、その危険なものを長期

間分析家のもの想いに預けておく必要がありました。

6．分析空間ともの想い

　精神分析の設定は，ふたりだけの静かな室内にアナライザンドが横たわるカウチが設置され，分析家は背後の位置に着座します。お互いが顔をあわせることなく，つまり相手の表情や態度を意識し気遣うことなく，自由にゆっくりと思いを巡らせることができる設定です。この構造が，分析家がもの想いにふけるのに最適なものであることはすぐにわかられると思います。逆から見れば，精神分析では対面法は面接者に難しい設定であることが読み取れるでしょう。

　この分析空間においてアナライザンドは，こころに置いておけない'考えられない考え'や'味わえない感情'をその空間に排出し，それらの考えや感情はそこに漂い続けます。こうして独自の空気が醸成されます。分析空間は，空気，思考や感情を外に漏らすことなく，その内に保護し保存します。そしてアナライザンドの背後にいる分析家は，漂っている思考や感情をみずからのもの想いに収めていくのです。

7．内なる対話としてのもの想い

　もの想いのもうひとつの特徴をあげておきましょう。それは，もの想いにふけっているとき，ときとして私たちは内なる対話をしています。その対話は，私たち自身（自己）ともうひとりの私たち自身（もうひとりの自己）のときもあれば，私たち自身と信頼に足る対象（親，パートナー〔夫・妻〕），友人，訓練分析家，スーパーヴァイザー等）との穏やかな，ときとして深いやりとりなのです。対話の相手が，歴史上の人物や誌上や画面では出会っていても実際には会ったこともない作家や分析家，俳優といった人たちのときもあるでしょう。

　まさに，こころの空間で行われている出会いです。このコンテイナー内の対話は，広い意味での逆転移なのでしょう。そこでは正常な逆転移も，病的な逆転移も，そのときにはまだあいまいに置かれていましょう。そし

てその対話をしている二者，あるいは三者が創る心的空間に，赤ん坊/アナライザンドはふんわりと抱えられます。つまり転移関係がそこに包まれるのです。

　精神分析の出会いが三者関係であることは，ビオンがたびたび述べたことでした。そして，その三者関係の性状を知ることはとても大切なことです。それが，続く章のテーマになります。

13. 共生，寄生，共存

　ふたつの生きた何か同士の関係，それは母親と乳児，乳房と口，膣（子宮）とペニス等さまざまなのですが，その関係はコンテイナー／コンテインドとして説明できたものでした。それが結合する，すなわち依存的つながりがなされたとき，そこに発生するものとしての利益という視点が新たに加わります。

　母親と乳児では，母親の世話や授乳によって乳児は身体的に健康に育まれますし，愛情を実感しこころ豊かになるという利益が生まれるでしょう。母親もまた，子どもの愛情を感じる母性的な満足やよいものを与える喜び，幸福感いう利益を得ます。しかし必ずしもこうした利益が生まれるとは限らないかもしれません。たとえば母親は，消耗し搾取されていると被害的に体験するかもしれません。

　膣（子宮）とペニスでは，そこに第三の何かとして，子どもが創造されます。この三者関係はそれぞれに利益を生むかもしれませんが，そうではないかもしれません。では，分析家とアナライザンドの場合では，何が生まれ，どんな利益がどんな形で扱われるのでしょうか。

　この二者の依存的つながりという視点に基づいて発生してくるものの性質は，ビオンによって三つに分けられました。すなわち，'共生' symbiotic，'寄生' parasitic，そして'共存' commensal です。（第 1 章　なぜコンテイナー／コンテインドは♀／♂の記号か　第 8 章「思考の成熟とエディプス体験」も参照）

1．共生 symbiotic

　'共生' は，そこでの利益はふたりの間で分かち合われますが，二者がお互いに依存している関係です。コンテイナーとコンテインドがお互いに

表11 利益をめぐる関係の性質（表3の再掲載）

| 共存 commensal |
| 共生 symbiotic |
| 寄生 parasitic |

共通の利益のために，お互いを傷つけずに依存していることです。

　乳児と母親の関係がその典型ですが，そこには両者の情緒的な成長が起こります。しかしながらその関係が共生的なままであるなら，成長が止まります。そして永遠に続いていく，終わりのない関係になってしまいます。ですからこの関係は，後に述べます第三の対象が介在してくる共存に，ある時期に変容する必要があります。乳幼児が成長してエディプス的三者関係に入るようにです。エディプスの場合は，彼の好奇心が彼を育ての母親から引き離しました。別の表現をするなら，共生のLリンクから共存のKリンクに変わることにあたります。

　現実には，子どもを分離も成長もさせず，そのまま小さな子ども時代の関係のままに留め置こうとする母親がいます。（ときとして一見気丈夫な態度をとっていても）たいてい不安の強い母親で，子どもをその不安のコンテイナーにしています。また子どももその母親から離れきれません。母親との退行した幼児的関係がもっとも居心地がよいかのように振舞います。それは典型的にはひきこもりの自己愛的な青年男子に見られるように，社会で傷つくこと（つまり，三者関係に入ること）を恐れ，母親との共生関係にとどまろうとするためです。

　分析関係も同様です。その始まりでは，陽性のつながり（Lリンク）がありますが，それは経過の中でもともとの精神分析の目的であるKに向かう必要があります。LやHを分析して，Kを目指すことです。しかしながらつながりがLのままであるなら，ほんとうの洞察は生まれず，成長は止まり，関係の維持のみが図られることになります。終わりのない分析が，この場合にあてはまります。それは潜在的にLのままという，本質は分析の中の両者が一次過程（快感原則）に固執している関係なのです。

2．寄生 parasitic

'寄生'は，二者がお互いに依存することで第三者を生み出しますが，それが三者すべてに破壊的である関係です。この第三者をなんらかの利益としてみると，わかりやすくなります。一方がもう一方から利益を搾取していく関係です。

アナライザンドには何の洞察も変化も起こらないまま分析が続けられるなら，分析家がアナライザンドから金銭を搾取しているだけなのかもしれません。それは，精神分析家としては致命的行為です。

逆にアナライザンドはどんどん洞察を得て社会生活でもよりよい状況になっていく，つまり多くの利益を得るにもかかわらず，分析の中では分析家はたえず脱価値化されており，分析はそのまま続けられる場合も，ひとつの寄生に見えます。ビオンの臨床セミナーにケースを提示したある分析家がその例を語っていました（サンパウロ 8 1978）。その例では，13年間分析を続けている患者は「社会生活や専門分野ではどんどん成功し……結婚し，家を2軒，車を2台買い，著書を出版しました」。その反面，「分析ではどんどん悪くなっているようで……患者は格安料金を支払っていましたが，私ときたらスーパーヴィジョンやその旅費にたくさんのお金を使いました」。耳を傾けていたビオンは連想します：「赤ん坊が乳房や母親におしっこやうんこを排泄するように，自分のこころのトラブルを排泄できるという理論を思い出しました。赤ん坊は元気になりますが，乳房や母親は病気を得て死んでしまいます」。

また，アナライザンドが実際には内的な変化を断固拒絶しているにもかかわらず，分析を続けることで真剣に治ろうとしているとの態度を周囲にアピールする（この場合，分析料金を本人ではなく家族等が負担している場合が少なくありません）一方，生命の危険や不快をばら撒く激しい行動化が続くその分析の継続に対して，アナライザンドの評価が下がることもさることながら，「いつまで無駄な分析を続けるのだ」と周囲の人たちからの分析家の評判がどんどん悪くなっていく場合もあります。これらは希望の刺激と挫折による，かかわりが毒されている「慢性的殺人」であり，

アナライザンドが倒錯的に精神分析を搾取していることでもあります。

　実際，性倒錯者，反社会的なパーソナリティ障害，ある種の自己愛パーソナリティ障害が分析的心理療法に強制的に送られてきた場合，この事態がとても発生しやすくなります。このつながりは，マイナスK あるいはマイナスLであるでしょう。

3．共存 commensal

　'共存'は，ふたりが第三の対象を分ち合い，それが三者みなに利益をもたらす関係です。

　典型的な共存は，男女のカップルの間に子どもが生まれ，それが，その頼りあう三人すべての利益と成長になることです。同様に，精神分析関係の両者が交わる分析体験に生まれた洞察によって，アナライザンドはみずからのこころを成長させます。同様にその洞察が，分析家にとってもこころを成長させます。そしてその洞察自体がさらに意味を加え深めて成長していきます（英語には brain child ということばがあり，この「脳の子ども」とは，よい発案のことを言います）。好ましい精神分析の進展状況です。

　これには，分析関係の二者とその間に，分ち合われる精神分析そのもの，あるいは精神分析過程という第三者を見立てるというとらえ方も可能です。リンクという観点に立つなら，K-リンクの関係があてはまります。すでに述べましたように三者の'共存'を基に，オグデンの'第三の主体'という概念，またブリトンの'三角空間'，'第三の立場'という考えが発生しているように思われます。（第1章，第8章を参照）

　このように二者関係はそこに第三者が介在すると，それぞれが独自に成長していくという発展をもたらしやすくなりますが，二者のままの関係は，共生になりやすいのです。ただ二者関係のみならず，三者関係でも倒錯的な在り方が起こりえます。そして実際の精神分析の過程は，この三種の関係性を推移していくのがふつうです。

14. 変　形

　ビオンは，真実を知ることが精神分析の本質であると考え，精神分析の対象を正確に観察し認識することを目指しました。その客観的正確さを追求していく認識の過程で，主体による変形が必然的に発生することに眼を向けました。対象の観察とその結果の表出に際しては，変形は避けられません。

　ある現象に向けて自分自身を表出するとき，その伝達法として通常の言語や絵画，彫刻，写真，音楽等を媒体とするなら，その現象はK，L，Hによって扱われるため，変形をこうむります。言い換えれば，変形は現象を扱います（ここには究極の真実Oを扱えないという，後のビオン理論の含みがあります）。こうして変形は，精神分析的な**観察**の理論として提示されました。

1．精神分析関係での変形

　アナライザンドが語り表していることを分析家が理解するとき，そしてそれを「解釈する」という形で返すとき，理解するという行為に，さらに「解釈する」という行為にともなう変形が生じます。もちろんアナライザンドも同様の変形を精神分析関係の中で行っています。

　アナライザンドが大変重い表情で，ぽつりと「苦しい。死んでしまいたい」と語ったとき，分析家が穏やかな口調で＜あなたは，憂うつすぎる自分をないものにしたいほど，苦しいのでしょうね＞と答えました。

　このとき，アナライザンドの重い表情と'*死んでしまいたい*'との発言を分析家は，「**憂うつすぎる自分をないもの**」とことばで表しています。

ここに、理解とことばの選択による変形が分析家の側に生じていることは明白です。このように私たちが対象を理解しようとするとき、変形は不可避なのです。(このことがビオンに、変形のない理解をもたらしたいと考えさせることになります。その結果が、理解することではなく、'O そのものになること' という見解をもたらします。この点は、第3部で触れましょう)

　外界の事実をある主体が認識していくとき、そこに**不変なもの（不変物）**と変形されたものが生じます。ヒナゲシの野原をビオンは例にあげています。この野原を印象派の画家が描くとき、あるいは写実派の画家が描くとき、あるいは写真家が写真に撮るとき、随筆家が文章に書くとき、そのすべての方法が、ヒナゲシの野原を認識させる**不変なもの**を含んでいるとき、そのそれぞれの制作品はヒナゲシの野原として第三者に認識されます。もしその**不変なもの**が欠けているなら、それが誰によるどのような表現であろうと、それはヒナゲシの野原とは認識されないでしょう。

　こうしてヒナゲシの野原が表され認識されますが、しかしながら同時に、使われる方法によって異なった変形があることは明らかです。同じヒナゲシの野原の絵でも、印象派の画家が描いたものと写実派の画家が描いたものはまったく違って見えるのではないでしょうか。

　この視点は、精神分析体験でのアナライザンドが持ち込む事実を分析家が理解しようとする場面でも同様です。あるアナライザンドの表す事実は、その分析家がどのような精神分析学派に拠って立っているにしても、ある特定の**不変なもの**が、精神分析の対象として共通して認識されるにちがいありません。そして変形されたものが、その学派の独自性を作っているのかもしれないのです。

　しかしビオンは、この点を次のように言っています（1965）：

　　「ひとつのグループの分析技法は、分析経験を解釈へと変形する作用の一部である。画家の変形が彼の絵画の伝えようとする理解に応じて変化するように、分析家の変形は彼が伝えたいと思う理解に応じて変化する。クラインの幾つかの理論と結びついたクライン派の変形の不変物は、古典的なフロイト派の変形の不変物と異なるだろう。不変物が異なるので、たとえ変形された素材（分析経験ある

いは実感/現実化）が両者で同じと考えられても，伝えられる意味はやはり異なるだろう。……中略……さらに個別化を進めることができる。すなわち同じクライン派の分析家による変形，したがって解釈でも，ひとによって異なるだろう。」

ここではビオンは，前述した私の，学派が違っていても精神分析の対象の中に不変物が認識されるのではないかという考えのようには楽観的ではありません。おそらく彼は，たとえば分析セッションに現れたある不安を，クライン派なら，母子関係での抑うつ態勢における抑うつ不安と理解するかもしれないが，古典的なフロイディアンは三者関係でのエディプス葛藤における去勢不安と理解するといったように不変物が異なっていると見ています。さらに，たとえば抑うつ不安と理解したとしても，クライン派分析家同士であってもその実感/現実化の質——例をあげれば，罪悪感という感情のその分析家における実感の性質——は異なっており，不変物は同一ではないと考えます。精神分析はまったくユニークでパーソナルな体験であるとビオンは考えているようです。

2．T

ビオンは，分析的面接の間に実際に起こっていることを，絶対的事実であるととらえました。この絶対的事実をOと表します。刺激となるできごとが精神分析のセッションそれそのものであるとき，Oは分析家とアナライザンドにとって同一です。つまり前述の絵による描写のたとえでは，画家たちが見ているヒナゲシの野原にあたります。

そしてこのOの変形の在り方をビオンは記号化します。変形をTとします。この記号はTransformations（変形，変容）からの採用です。そして変形の過程を'Tα'，変形の結果の最終産物を'Tβ'としました。ちなみに，これらのαやβは思考の成熟でのアルファ要素，ベータ要素とは無関係です。

次に，この記号間に経験の主体をはさみ入れます。たとえば経験の主体が分析家であれば，'T（分析家）α'は，分析家による面接中のOの変形過程を表します。主体が患者の場合，'T（患者）α'が変形過程を表

します。次に，患者がOを体験した結果（最終産物）を記載するなら，T（患者）βとなります。それらはさらに略号の導入によって，それぞれ'Taα'，'Tpβ'となります。おわかりのようにaは分析家analystの略号であり，pは患者patientの略号です。このように記号化することで，精神分析セッションで起こっていることが客観的に把握しやすくなります。

例をあげてみましょう。

先ほどのアナライザンドと分析家のやりとりに戻りましょう。

アナライザンドが大変重い表情で，ぽつりと「苦しい。死んでしまいたい」と語ったとき，分析家が穏やかな口調で＜あなたは，憂うつすぎる自分をないものにしたいほど，苦しいのでしょうね＞と答えました。

ここでは，患者のOは'重い表情で「死んでしまいたい」と語る'です。その分析家の変形の結果（最終産物）は「憂うつすぎる自分をないものにしたい」です。つまり，これがTaβです。この過程において分析家が，アナライザンドは前回分析家が示した彼にとっての現実の重さにたえられないと感じているのでこのように発言しているのだとの理解が入って，分析家の発言になっているのなら，その過程にあった理解は，Taαです。

私たちは分析家として，分析セッションでのOに出会うとともに，自分の中に進展するTaαやTaβというみずからの変形をきちんと把握しておく必要があります。そして患者/アナライザンドのTpβを得たとき，Oがどのようにしてよう Tpβに変形されたのかというTpαを知ろうとする作業に取りかかることが求められます。それが，アナライザンドを理解するということです。

さらに，TaβとTpβの違いを踏まえて，TaαとTpαの違いを理解することも必要です。これによって私たちが，アナライザンドの使用する反転できる展望（反転可能な見方）やマイナスKの性質を見抜いたり，その違いを踏まえた適切な解釈の投与を検討していく作業がしやすくなるのです。

3．ないものの変形

　もうひとつの記号化があります。それは「点」(・)と「線」(―)です。
　「点」と「線」は，広い範囲の条件下で不変であり続ける視覚像を表象するものです。「点」は視覚可能な「無–乳房」を表します。直線(―)は無–ペニス，さらに円(○)は，「無–内部・外部」を表します。象徴の幾何学的表象でもあります。これらは，そこにない，ない物が変形されているわけです。
　ない物がどのように体験されるのか，ない乳房，乳房の不在が赤ん坊にどのように体験されるのかが，すなわち対象の不在のための抑うつに主体がどのようにもちこたえられるのかが，思考が発生しうるかどうかの境目であるとビオンは大変重要視していました。ないことにもちこたえることができたとき，'ない物がある'，'その物がない'という内なる思考が発生します。このようにない物の変形が私たちの内側で描写されるのです。ちなみに数式や幾何学とは，そこにない物を変形させている学問です。
　赤ん坊の場合で述べましょう。赤ん坊が飢えてお乳がほしいにもかかわらず，そこに母親がいないとき，すなわちない乳房(・)は，それに耐えられない赤ん坊には，飢えで苦しめ自分を壊そうとする'悪い乳房'があると幻覚/具体物に変形されて体験されます。いわば，Tbβのひとつです(baby の略号が b です)。これは幻覚ですから，具体物です。思考ではありません。O は，もの自体です。
　赤ん坊が飢えにもちこたえることができるなら，O が'無–乳房がある'と現実化して体験されます。具体物ではなく，考えられる(・)に変形されるのです。ここに思考が発生します。もうひとつの Tbβです。

4．分析場面での変形の要素

　精神分析セッションにいる分析家やアナライザンドの中において変形が起こるには，何が作用しているのでしょうか。精神分析の要素としてビオンが提示していたものが挙げられます。

まずPsとDの揺れです（第3章を参照）。Ps，すなわち被害的で他罰的であるときと，D，現実志向的で自責的である場合は，選択される事実の性質が異なってしまいます。さらには選択される事実の連接がそれぞれの内的事実を構成します。こうして変形が起こっています。以下に例を示しましょう。

たとえば，ひとつの性格でもとらえ方によって違った表現がされます。次に並べたものは，前者が肯定的な取り方（Dの視点），後者が否定的な取り方（Psの視点）です：世話好き／おせっかい，よく気がつく／神経質，機転が利く／小賢しい，親しみやすい／馴れ馴れしい。

これらについて，その人がPsの心性にあるときには，前述したとらえ方の後者を連接させます。すなわち，母親について，おせっかいで神経質，それに小賢しくて馴れ馴れしい，総じて嫌な人物と見ましょう。しかし，Dの心性から連接されるなら，世話好きでよく気がつくし機転がきく，親しみやすくもあると総じてよい人と見られるでしょう。まるで「ルビンの盃」を見ていながら，向かい合った顔に注目しているか，盃に注目しているかといった違いです。

次にリンクです。第10章ですでに述べたように，セッションのふたりがK，L，H，あるいはマイナスK，noK，マイナスL，マイナスHといったどの情緒に支配されているかによっても，選択される事実は異なりますし，当然その連接の結果も異なったものになります。

では，♀（コンテイナー）と♂（コンテインド）はどうでしょうか。これは二者間の関係のモデルであり，ある一者の内的姿勢ではありません。しかしある一者がその内側に♀と♂の両方を持つこと，体験することは当然考えられます。ここにもちこたえることという第四の要素を加えると，それが働いているか否かによって内なる♀／♂体験が産み出すものが違ってくることがわかります。

変形に影響を与えるものを単純化して限定することはできませんが，精神分析セッションにおいては，やはりこれら4種が重要な要素です。

表12　精神分析の4要素（再掲載：表4）

```
Ps ↔ D
♀／♂（コンテイナー／コンテインド）
Kリンク
もちこたえること
```

5．変形の種類

次に，精神分析に認められる変形の種類を見ていきます。

'硬直運動変形'，'投影変形'，'幻覚症における変形'，'Oにおける変形'の4種類をビオンはあげています。

1）硬直運動変形

'硬直運動変形'は，古典的な転移にみられる変形です。

フロイトが提示した転移の定義「興奮や空想の新版と複写」にみられるように，この転移は特定の感情と考えが「有難くない忠実さ」（フロイトのことば）を備えた特徴的な全体性と一貫性を保ってそのまま反復されるのです。たとえば乳幼児性欲やエディプス複合に端を発した感情や思考は，父親から分析家へとそのまま転移され反復されます。この性質の変形の集合が，硬直運動変形です。

転移において生じるとされる硬直運動変形は，次に述べる'投影変形'とは異なり，二次過程に基づいているとビオンは理解しました。つまり転移にはアルファ要素（グリッドのB行）を含めた，思考の関与があります。ですから分析場面においてそこでの二人の間に，古典的にはその典型例を'転移神経症'とも言われた，視覚要素を含む物語的な転移関係（夢思考・夢・神話水準思考／C行）が活性化するのです。他方，投影変形が生じるときには思考は，考えることができず具体的な対処しかできないベータ要素にすぎません。

2）投影変形

'投影変形'は，一次過程に基づいてこころが筋肉であり物を取り扱っ

ているかのように働く,具体的な行為としての投影同一化空想よる変形を指しています。ですから,ここでの投影は排出と同義です。つまりこの投影変形は,グリッドではA行水準,すなわちベータ要素による具体思考において起きるもので,ベータ要素の排出です。

　たとえば,**ある男性統合失調症者は「この食事にはペニスが混ぜられているので,食べられない」と語り,病院の夕食を拒絶しました**。もちろん,周囲の誰にもペニスは見えません。彼は,言わば,彼の情緒が同性愛的にひどく魅惑され苦しめられてもいることをこのように語ったのです。

　しかしこのペニスの幻視という投影変形では,硬直運動変形/転移の場合のような,二者に共有される考え——**例として,アナライザンドにとっては,〈(父親のように)自分を利用する分析家が憎い〉。分析家にとっては,〈(父親のように)アナライザンドを利用していると私は憎まれている〉**——という'刺激への反応'はまったく認められません。'刺激'(すなわち,Oです)があるのみです。刺激の投影変形物である「夕食の中のペニス」は彼の目から排出された具体物であり,それがはっきり見えている彼ではなく,それがまったく見えない私が'おかしい'のです。彼の狂気は私の中にありました。

3) 幻覚症における変形

　'幻覚症における変形'については,すでに述べています(「第6章 パーソナリティの精神病部分と非精神病部分」の幻覚症における変形の項を参照)。

　幻覚は,錯覚や妄想とは区別されるとして,次のようにビオンは定義しました:「前概念を飽和させるほどには緊密に諸前概念に近似しないが,概念や誤った概念を生じるほどには近い現実化とつがうので,概念に転じる諸前概念に関連した現象」(変形1965)であるとのことです。

　幻覚は表象ではなく,それは欲求不満と欲望への耐性のなさから生まれた,もの自体なのです。それは表象の失敗ではなく,存在することの失敗なのです(注意と解釈1970)。つまり二次過程水準の思考の発達とは異なる領域で起こる現実化なのです。こうしたわけで投影変形と同様に,やはり精神病水準の変形です。

精神病水準の思考では，外部に見出される硬直した超自我モラルを判断の拠りどころとしています。関係は，**優劣**と**競争**の視点で認知されます。そこでの主体は他の対象から独立し，あらゆる点で優越し自足しています（シュレーバー・ケース，あるいは，閉鎖病棟に長期入院中の一日中ベッドの上で独言している慢性の統合失調症者を思い起こしてください）。そのために，知覚されるものをそのまま認識することは拒否されます。そうではなく，主体のモラル的判断にそって，知覚されるものをそれに合わせるという変形をなします。それは羨望と貪欲さが加味されている，競争の行動化です。それが，幻覚症における変形です。ここでは**感覚受容器での逆転**が起こります。感覚器官が，目や耳に入るものをとり入れるのではなく，外界に投影し，幻覚を為します。あるいは'反転できる展望'が導入されます。その臨床例は，第6章の幻覚症における変形の項に示しました。ここには，事実を変えてしまう視点の変換があります。それが次の章の主題です。

4）Oにおける変形

その前にもうひとつの変形，'Oにおける変形'を見てみましょう。

それは，'Oになること'，'Oであること'であり，K，つまり，何かについて知ろうとすることからの移行です。公式化するなら，Tα→Tβ＝K→Oとなります。それは，記憶・欲望・理解を捨て，無限（O）になることです（注意と解釈1970）。

その情動は，怖れです。すなわち，分析臨床では「なること」を含む変形は，＜神＞・究極の現実になることから不可分に感じられるために，Kにおける変形がOにおける変形に通じてしまわないかとの怖れをかきたて，治療者の解釈への抵抗を患者に引き起こします。

Oにおける変形を表現するための必要条件は，数学的定式化よりも宗教的定式化がより満たすとビオンは考えました。そこで彼はキリスト教哲学やサンスクリッド哲学が活用します。詳しくは，第3部第20章の'Oになること'で述べましょう。

15. 視　点

1. 視点と頂点

　ビオンは視点こそがとても重要なものとみていました。それは，特定の視点にあらゆる変形はかかわっているからです。つまり視点によって，見えてくるものの質と量は変わってしまうのです。見方を変えるならこのことは，視点の変換を重要視することでもあります。

　ところで視点，見地，観点，立場，英語で point of view もしくは viewpoint は，そのことば通りに'目で見る'という日英どちらにおいても，視覚要素がはっきり入っています。しかし視点とは象徴的な表現であり，視覚に限定されない，ものを把握する位置という意味があります。つまり視点は，ことばの陰影に汚染されている用語です。ビオンはそれを好みません。そこで彼は，その意味で汚染されていないことばを選出しました。それが'頂点'vertex（複数形　vertices）です。

　理由は，この数学用語が抽象性の高いことばだからでしょう。英語の原語 vertex は，最高点，頂上の意味も持ちますが，数学で「三辺の頂点は」というように使われます。そのようにひとつのポイントを指す頂点を，視点と置き換えたのです。グリッドのC行ではなく，G行水準の思考を使ったと考えられます。

　ですから，ビオンの著作に出てくる頂点とは，平たく言えば，視点のことなのです。ただ彼は，視点と表現しないことにこだわりました。よけいな注意かも知れませんが，ビオンの書いている論文に'頂点'vertex と出てきたら，それは一般には，視点，見地の意味なのだと頭のどこかではとらえて読んでください。わかりやすくなります。

2．頂点の変換

　それでは，**精神分析的頂点**とは何なのでしょうか。精神分析の成功はこの頂点を維持できるかにかかっているとビオンは言います。その頂点，すなわち精神分析的視点とは，Oなのです。それに同一化するのではなく，それそのものにならなければならないものなのです（1970）。

　しかしながらある一群の精神分析家が，金儲けを精神分析の必須の部分とみなすなら，頂点は財政的頂点となるでしょうし，病理や治癒を必須の部分とみなすなら，その頂点は医学として記述されるでしょう。また，慈悲や慈愛が必須の部分とみなされるのなら，頂点は宗教でしょう。また，権力への願望，社会的影響，宣伝，教育，調査研究が頂点となることもあるでしょう。そうしたときその精神分析行為は，本質は精神分析でなくなっています。

　ビオン自身，この頂点にかかわる用語をいくつかもたらしています。

1）双眼視

　'双眼視（もしくは，両眼視）binocular vision'は，ふたつの異なる頂点からひとつのものを見ることの大切さを取り上げています。平たく言うなら，同時に複数の視点を持つことです。

　たとえば，ひとりの人物をみるときに，そのパーソナリティの精神病部分に目を向ける頂点とともに，非精神病部分にも目を向ける頂点を併せ持ってみることです。例としては，「分析家は，患者の素材に注意を向けながら，その患者とのかかわりの危険に気づかなければならない」（1965）と言います。患者が涙を流しているのは，彼の悲しみを表しているのかもしれませんが，それは内側の不快なものを彼が涙で排出しているのかもしれません。患者が微笑んでいるのは，彼女が親しみを私たちに示しているのかもしれませんが，不快なものを排出する顔面筋の活動なのかもしれないのです。複数の視点から双眼視することで初めて見えてくるものがあります。

　ただここで伝えられていることは，二つの視点に限局されているわけで

はありません。もっと多く三重の，四重の，五重の，すなわち昆虫の**複眼視**のような多重の視点を持つようにすることの大切さなのです。精神分析の関係は，一人の分析家だけで営まれているのでなく，それをスーパーバイズする，分析家の中の複数の内的眼（視点）とともに営まれています。後年ケースメント（1985）が'こころの中のスーパーヴァイザー internal supervisor'と概念化したものはこれにあたります。

2）反転できる展望（反転可能な見方）

もうひとつは，すでに述べました'反転できる展望 reversible perspective'です。これはひとつのものを見ていても，その頂点が異なっているなら，それぞれの頂点によってまったく違ったものが見えてくることです。たとえば第5章　負の増殖の項で，「ルビンの盃」や「老婆と娘」のだまし絵にその例を示しました。その典型は，幻覚症での変形で見出されることを述べましたが（第6章，第14章を参照），それに限らず，マイナスKやグリッドの第2列φで使われる頂点の変換です。

精神分析関係においては反転できる展望を使うアナライザンドは，分析家の解釈に，ことばではなんら変更を加えることなく，分析家の意図した意味以外の意味を持たせます。そのときには，分析家の言い回しやイントネーションが含んでいたあいまいさをその偏った意味のためにしばしば使います。たとえば分析家が，「あなたはAのように見えますが，Bでしょうか」と解釈した時に，アナライザンドが「私をAだと決めつけた」と受け止める場合です。しかし両者間のこの視点のずれは容易に表面には現れません。このため分析家とアナライザンドの不一致が明らかになるのは，アナライザンドにとって思いがけない発言や場面に不意に出会ったときなのです。

展望の反転はアナライザンドが為す能動的な過程であり，そこに心的苦痛がある証拠であり，動きのある状況を変動のない静止されたものにするためであるとビオンは言います（1963）。それは，妄想と幻覚によって強化され，静止されて変動のない幻覚を保持するために使われるのです。

強力な自己愛心性を持つある男性は，週に2回の分析セッションで2年ほど治療を受けていました。彼はもっとセッション頻度を増やしたいと願

いました。分析家は慎重な姿勢でそのことを考えていきましたが，終局的には彼に合意し，週に3回のセッションを持つことにしました。それに対する彼の反応は，「どうせ私は，週に4回の精神分析を受けるに値しないと思われているんですね」という分析家に軽視されているとの憤りを向けるものでした。セッション頻度の増加は，みごとに逆転した視点から見られたのです。

3) 誇　張

'誇張' hyperbole も，ビオンが提示した特異な頂点です。それは視点の移動によってある部分を拡大することで，それが対象の視野に入りやすくするやり方です。対象の頂点を意識したやり方です。

ここには，原始的な心性である競争，羨望，排泄が働いています。グリッド・カテゴリーでは，A行（ベータ要素），C行（視覚的あるいは絵画的次元），D行（前概念），E行（概念）に認められます。また情緒的つながりにおいて，Kだけではなく，LやHでも使用され，そうした好き嫌いの情緒が前景に出る場合もまた誇張のひとつと見られましょう。ゆえに精神病だけでなく，ヒステリーの心的テクニックとしてみられます。援助してくれるコンテイナーの認知と助力を得るために，その情緒は誇張される必要があるのです。

ある中年男性は急に首が右側を向かなくなりました。それは，職場で右側に彼にとって嫌いで不快な女性が席を構えているからでした。その女性と仕事のことでトラブルが起こったすぐ後に，この病状が発生しました。これは明らかにまわりの眼を意識した誇張です。しかし職場の周囲の人たちは彼の苦痛な思いを和らげるかかわりをしてくれませんでした。こうして彼は，精神科病院にやってきたのでした。

しかし誇張においては，その情動が何であるかは重要ではありません。ただ誇張が侮蔑的なものか，理想化的なものかはその情動の性質によっています。

4) 選択された事実

ある視点から見ることで幾つかの事象が連接されますと，ひとつの明白

な事実が浮かび上がってきます。それが‘選択された事実’です。（第17章も参照）

　私が感心したのは，まだ私が子どもの頃あるクイズ番組で出題者の，いぬ，トラ，象という動物に共通するものは何かとの問いかけに，回答者がみごとに答えたときでした。これらはいずれも魔法瓶（ポット）の会社の商標なのでした（今日もこれらの会社が存続しているのかは私には定かではありません）。

　精神分析場面でも，男性アナライザンドの連想から，三者関係，父親への敵意，去勢の恐怖という事実が私たちに見えてくるなら，その結びつき，‘一定の連接’は，エディプス・コンプレックスという意味深い概念を浮かび上がらせてきます。このとき連接されたものが‘選択された事実’であるなら，そこにこころの真実がさらに浮かび上がってくるでしょう。けれども，そうではなく‘過大評価された考え’（すなわち，早とちりの思い込みから）の連接であるなら，そこに浮かび上がるものは偽りの事実でありえます。つまり私たちの先入見が作り上げた考えです。

　このことは私たちが分析導入期に見立てるときに，体験しやすいことです。

　クライエントから提示された多くのものから重要な事実を選択し連接するというやり方で，私たちは見立てをおこないます。そのとき私たちに先入見や理論的偏りがあるなら，つまり無意識の内に特定の頂点に入り込んでいるなら，それらに適うことがらを選び出すため，見立て違いをしてしまいます。たとえば「発達障害」，「心的外傷」，「虐待」に関心が偏っている面接者は，発達障害，心的外傷，虐待それぞれに適うデータのみを選択し連接しています。かくしてその面接者のまわりには，関心に適う疾患が集います（と，その面接者は感じています）。

　あるいはクライエントからの少ない不十分な提示において見立ててしまうときにも，これが起こりやすいでしょう。もちろん，面接者の知識の準備が不足しているときにも起こります。つまり過大評価された考えにはまってしまうのです。

3．負の頂点

　これまでが正の頂点にかかわる問題であったとするなら，'負の頂点'（ビオンの用語ではありません）と呼べそうなものがあります。

　それは，意味の剥ぎ取りによる'言いようのない激しい恐怖 nameless dread'に明白です。赤ん坊が授乳してもらえなくて飢えを体験しているときに，赤ん坊は'飢え'という概念になりうるアルファ要素も激しい動作によって排出しているのですが，母親がそれにアルファ機能／もの想いをもって対応しないままが続くとき，赤ん坊は'飢え'に概念化できるはずのアルファ要素を概念化できません。そして詰まるところ，ただ排出するしかない具体物のままであるベータ要素に変形してしまいます。'飢え'させる悪い対象という怯えの対象が存在していたところに，意味が剥ぎ取られた'言いようのない激しい恐怖'という，負を増殖させるブラックホールが置かれてしまいます。これは頂点が無くなったというより，そこに'負の頂点'が発生したと言えます。それが，意味が剥ぎ取られた考えや恐怖を増殖させるからです。

　ある女性アナライザンドは長年一人暮らしでした。そこに両親と姉が姉の幼子を連れて訪ねてきました。家族を迎えるために彼女は家の中を片づけねばならず，それは大変な作業になって彼女は苦しみました。やってきた両親はかいがいしく姉やその息子の世話をしており，自分にはしてくれなかったことを母親が姉にしていると彼女には憤慨の種になりました。父親は父親で彼女に不快なことばかりを言って苦しめ，やはり憤慨の種でした。姉は両親に甘えて勝手なことを求めており，それも彼女が得られなかったことを姉が得ているとこれも彼女の憤慨の種になりました。さらに姉の息子は両親や姉に世話され，彼女に羨望をかきたてました。このように家族が持ち込んだあらゆることは悪意そのもので，彼女は疲れ果て考えられなくなり，自分はもはや存在している価値がないと感じるほどに彼女を苦しめました。すべては破壊的羨望という負の頂点から見られていました。

　このようにビオンは私たちに，精神分析を営むに際して新たな頂点／視

点をもたらしてくれました。しかしながら，ここに書き加えておかないといけないことがあります。それはここに示したようにビオンは視点/頂点の重要性を強調し検索もしたのですが，Ｏに一致する，Ｏになる体験をするには，神秘家の宗教という頂点を除くなら，すべての頂点は不適当である（注意と解釈 1970）とも言うのです。Ｏにかかわるこの見解については，これからの第 3 部でさらに紹介していくことになります。

第 3 部
精神分析家であること

「他の誰かを分析するのと，分析を受けたいのとでは，こころの状態がちがいます。このふたつのこころの状態は同じに見えるかもしれません。そして，それを録音する人がいたとすれば，同じに聴こえるでしょう。ですが，ちがうのです」　　　　　　　　　　（ブラジリア 1975）

精神分析家とは何なのか——精神分析家の難しさ

精神分析家とは何なのかについて，ビオンは考え続けました。そして，ひとつの答えを示しました：

> 「プラトンが『テアイトス』の中で，ソクラテスが自分をある種の精神的産婆であると述べているところを描いています。精神の成長，精神的な祖先たち，彼らのひとりはソクラテスその人であると，なぜ私たちは主張しないのか私にはわかりません。もしそうだとするなら，私たちは精神的な産婆の現代版であるとも言えるでしょう。私たちはソウルや精神が生まれるのを手助けしますし，生まれた後に成長し続けるのも手伝います。」（サンパウロ 1978）

このことは私たちが行うことは，精神分析**についての**活動ではなく，精神分析**である**ことを意味していると私は思います。しかしこの変形を達成するためには，私たちは代価を支払わねばなりませんし，とても困難なことでもあります。というのは，情動的な事実のいきいきとした理解を確実になすために，人間が不可避に保持する獣性に基づいている身体特性の心的対応物である愛情・憎悪・恐怖という感情をほとんど耐えられないほど，私たちが（患者とともに）強烈に感じることになるかもしれないからです。そして，あらゆる精神分析的な進歩は，さらなる探究を求める，決して知ることができない「もの自体」であるともビオンは言います（注意と解釈 1970）。

精神分析家の難しさをビオンは語りました：

> 「精神分析家だけが，彼の機能は精神分析をすることだと知っている立場にある。彼は圧力の下にあり，孤立して脆弱であり，彼の役割を捨ててそれ——［患者を取り巻く人たちが要請する実際の行為としての援助活動や実利的な発言］——をするのが，どれほど彼にふさわしいものでなくとも，集団に受け容れられている慣習や先入観に追従した役割をとる誘惑にさらされる。もし精神分析家がそれをしてしまうならば，精神分析は救いがたい妥協の産物になってしまう。患者は自分の分析家を失くし，価値の疑わしい補助的なものを手にする。」（[ ]内は，

松木の追加）（再考 1967）

なぜなら，精神分析をすること，精神分析であることとは，苦痛な感情体験を鋭敏に感知するようになることであり，それは，苦痛からの解放を主唱する科学的なアプローチからも宗教的アプローチからも責められるものだからです。

ロサンジェルス（1976）では次のことを言っています：

「精神科医――[私はこの '精神科医'とはこころの臨床に携わる者という意味だと思います]――は，自分の非常な傷つきやすさに耐えることができなければなりません。人が成人期にまで生きながらえたということは，他人が知れば非難するであろうあらゆることをやってきたに違いないということなのです。」（[　]内は，松木の追加）

精神分析家への到達
考え続けるビオンは，セミナーで語りました。

「精神分析家は，ひどく孤独な仕事にあたっています。精神分析家は思いを告げられる相手を誰も持っていないようです。患者に告げることはできません。患者の身内に告げるわけにもいきません。なぜなら，彼らは情報を得たとか明らかになったと思うより前に，もっとうろたえるでしょうから。ですから精神分析家は，自分が何もできないことについて知っていることに耐えなければなりません。ここのところが精神分析を実践することが，精神分析についての本や精神分析について語ることとはまったく異なっているところです。体験に代わるものはありません。人は医学の資格や精神分析の資格を取りますので，精神分析家や医者にそっくりですが，精神分析家や医者ではありません。彼らは医者とか精神科医とか精神分析家になろうとしているのであって，医者や精神科医や精神分析家ではないのです。彼らは資格を得たにすぎません。」（リオデジャネイロ 1974）

続けて語ります。

「精神分析の専門用語を何でも知っていると思っている人は，援助を求めて来ている患者に向かって精神分析家とそっくりに自分は話せると思っています。しかしながら「そっくりに」は精神分析とは同じではないのです。その結果は，「新しくて改善された」——これらのことばを皮肉に使うならですが——別種の精神分析の大増殖をもたらします。この種の治療は，度の強い感情に駆られた事態を呼び起こしますし，その自称精神分析家は情緒的に反応します。ただちに起こるさらなる結果は，精神分析が徐々に悪い評判を高めることです。この過程が長く続くなら，精神分析は生き残れなくなるでしょう。」(サンパウロ 1978)

　精神分析家であることとはどんなことなのかにビオンは強い関心を抱き続けていました。大事なことは，訓練を経て資格を取り，組織が与える資格を持つ精神分析家になることではなく，精神分析家であることであり，そうあることとはどんなことなのかを考え続けたのでした。「精神分析に満足してはいけない」とビオンは言います。同時に，精神分析が達成することを達成できる他のものを知らないとその肯定も語ります。
　こう述べます：

　「2年間，3年間，4年間，週5日永遠に，と続いていく精神分析は唯一のアプローチでしょうか。そうあって欲しくありません。しかしながら，もっと効果のあるものに私は出会ったことがありませんし，精神分析をやり通したいと望むに見合う有効さを私は納得しています。けれども精神分析に満足することは危険です。精神分析家は精神分析に不満でなければなりません。」

　さらに言います。

　「精神分析家は自分が何もできないと知り，それに耐えなければなりません。」

精神分析家の孤独
　そして，続けます。

「分析の実際においては，分析家はその状況がどんなものであるのか結論を出さなければなりません。このことについて教えてくれる人は誰もいません。自分の知覚，その部屋の中において自分で聴いていることと見ていることだけです。与えるべき解釈を教えてもらえるとのことは，トレーニングについてのまったく誤った考えです。その解釈がどんなものかを知る機会を得られる唯一のところは，あなた自身の面接室の中なのです。そのことについては，あなた自身が知っている以上には誰も教えてくれません。いろいろな人たちとの間でさまざまな状況が起きています。同じ人物との間でさえもなのです。

今日は，昨日と同じではありません。ダイナミックな状況なのです。分析は静止していません。分析の理論は，おおよそ三つのセッションについてはとても有用です。あなたは患者について何も知りませんから，それゆえ理論に頼る必要があります。その後には，答えはカウチの上か椅子の中にありますし，そして，あなたが見たり聴いたりできることの中にあります。」（サンパウロ 1978）

そこで大切なことは次のことです：

「あなたがなる精神分析家は，あなたであり，あなたひとりです。あなたは自分自身のパーソナリティのユニークさを尊重しなければなりません。それこそがあなたが使用するもので，あれこれの解釈ではありません。」（ブラジリア 1975）

専門家であること

ビオンは精神分析家であることに次の警句も発しています。

「専門活動を家庭の中に持ち込んで，家族の振舞いを精神分析用語で解釈することによってたくさんのトラブルを引き起こす分析家たちがいます。私は，私たちが精神分析家であることをやめるようにと言っているのではありません。ただ，息子や娘や夫や妻のふるまいについての精神分析的な考えがあなたのこころにあるようなとき，それらをあなたは解釈する必要はありません。

もし私が私の家族のふるまいを解釈し始めるなら，家族が父親を奪われ，代わりに分析家を得ていると，私はきっと不安になってしまいます。それは，家族に

とって幸運なことかも知れません。それとも，違うかもしれません。しかし，精神分析的解釈を与えることは専門職生活の一部です。そこでなら，害はありません。けれども，家族から父親や母親を奪ってしまうことには大きな害があります。

　同じことが，専門活動にもあてはまります。私たちは分析とスーパーヴィジョンを混同してはなりません。スーパーヴァイズをしているときには，訓練生や分析家をスーパーヴァイズしているという意識的な活動と，彼らの分析をしていることとの間をはっきり区別しておくことが大切です。スーパーヴァイズをしているはずのときに，あなたが彼を分析し始めるなら，あなたは彼からスーパーヴィジョンを奪い取っています。さらに彼の分析や分析家を妨害しています。」（サンパウロ 1974）

やや異なる文脈でもビオンは語りました。

　「分析体験は規律を強いられる不快なものです。分析家もアナライザンドもやりたいことができません。誘惑的な代用物がたくさんありますし，分析は手強い仕事なのです。このことが，分析家には休養が欠かせないこと，分析生活以外のなんらかの生活を持たなければならないことを説明してくれるでしょう。もし分析家が家庭生活をある種の精神分析にしてしまうのなら，ひどく不満なことでしょう。分析は分析家にとってよいものである——それを望んでいるならですが——とのことを，分析家たちは認識し損なっていることが少なくないようです。しかし分析家たちが家族を求めているのなら，ある種の精神分析博物館は求めていないのです。分析家たちにとっては，夫や妻の発言に解釈し始めることはまったくたやすいことです。それは，大きな間違いであると私は思います。」（1978）

精神分析家であること，精神分析の心理療法家であることとはどんなことなのか。ビオンの考えをこれからさらに探索してみましょう。

16. 知らないことにもちこたえること
　――負の能力

1．知らないことと好奇心

「それ，なあに」，「どうして」と子どもの頃に言い続け，好奇心を抱き続けていたビオンにとって，知ることは重要な関心の的であり続けました。後年，K（知ろうとすること/knowing）に注目したのも当然の帰結であったわけです。

しかし好奇心を抱いて知ろうとすることと並行して，'知らないこと'の重要さに注目できたところに彼の非凡さがあります。ビオンは'知らない'というこころの状態こそが，新たな創造につながることを知っていました（その言い換えは，たとえば，ブリトンの後-抑うつ態勢 Ps (n+1)：第3章参照と後述）。

母親の不在がもたらす，よい乳房，よい母親がそこにないという馴染みのない，見知らぬ，同時にひどく苦痛な場面を，悪い乳房を幻覚するという形で性急に知ってしまうのではなく，言わば，知らないことに乳児がもちこたえたときに，「ない-乳房がある」という思考が，すなわち内的対象という新たなものが生まれることを，ビオンは精神分析体験から認識しました。

```
                    発達→
          Ps(n)→D(n)→Ps(n+1)→…．D(n+1)
             退行   ↓      ↓
  Ps（病理2）←D（病理2）←Ps（病理）←D（病理）
             回復   ↓      ↓
          Ps(n)→D(n)→Ps (n+1)→…D(n+1)
```

図5　ブリトンの発達，退行，回復の図式

ブリトンが'抑うつ態勢の前と後'に注目し，抑うつ態勢後の"後–抑うつ妄想分裂態勢" Ps（n＋1）という公式で，別の表現では「荒野」として示したのは，まさに抑うつ態勢，つまり統合でのこの'知っていること'による閉塞からの解放としての'知らないこと'を言い換えたものでした。

ビオンのとても好んだ箴言——もともとアンドレ・グリーンから教わったフランスの小説家・評論家であるモーリス・ブランショのことばですが——「答えは，問いにとって災いである」，「答えは，好奇心を不幸，あるいは病気にする」，「答えは質問を不幸にする」，「答えは，好奇心を殺す病である」，「知識は病気の無知なのです」も，答えを得る，すなわち知ってしまうことのために発生する限界に注目していたことの現れです。

いつもというわけではありませんが，ほんとうに知るためには，知らないという時点を通る必要があります。心的発達のエディプス期，あるいはそれ以前にも大いなる関心の的となった性愛性について，それが私たちにほんとうにわかるにはどんな人でも，心身が大人になるまで待たなければなりません。

心理療法においても，アセスメント面接や投影式の心理検査をすることで開始期にそのクライエントの不安の性質や葛藤発生のダイナミクスを知ることができます。しかしその本人の実感しているそれを知るには，すなわち主体的体験をほんとうに知るには，数多くのセッションをそのクライエントとともに積み重ねていかねばなりません。ふたりの間に発生する転移の重要性はここにあります。それは，ほんとうには知らないとのことを直視していく過程でもあります。あるときようやく実感でき，初めてほんとうに知るのです。

知らないということは，大変不安をかき立てます。知らないために，何かひどい目に会うのではないかと迫害的に感じる人もいるでしょう。知らないということで，無力感，無能感を感じ，抑うつ不安に苦しむ人もいるでしょう。「知らぬを言うは，一時の恥，知らぬは一生の恥」という昔からの諺があるように，知らないことを強く恥に感じる人もいるでしょう。あるいは，知らないということは，破滅的な，もう自分の存在が危ぶまれるような不安に陥ってしまう人もいるかもしれません。ともかく，早く知っ

てしまって安心したいのです。

　しかし実は，知らないことにもちこたえられなくて，そのため時期尚早に知ることを行った，あるいは行い続けているのが，目の前にいるクライエントに起こっていたことなのかも知れないのです。そうであるなら，私たちが安心したいために早く知ることは，援助にまったくならず，「同病相哀れむ」の事態を作り上げるにすぎません。私たちこそが，知らないことにもちこたえて，ほんとうに知ることをなし遂げ，それをクライエントと分ち合う，あるいはクライエントとともにほんとうに知ろうとしなければならないのです。

　しかしながら，知らないままに居続けることと知らないことにもちこたえることは，まったく異なったことです。

2．負の能力

　前者が no K であることはおわかりでしょう。つまり，見ない，聞かないという知覚活動を止めた防衛的な在り方です。知らないとのことが意識されて，問題として浮かび上がることにはなりません。時間は，ただ無造作に流れていきます。一方，知らないことにもちこたえることは，目指すものが現れるのをそれまで待っておくという能動的な姿勢を取り続けられる能力なのです。それを英国の詩人ジョン・キーツは「負の能力」negative capability と名づけました。引用しましょう。

　　「……負の能力，すなわち，真実や道理を得ようといらだってあがくことがまったくなく，不確実，神秘さ，疑惑のなかにいることを，ある人物ができるときです。」

　真実はこころの健康に必須であり，私たちの情動的な経験も知る必要がある真実なのです。それがわからないときに，誤ったもので補うのではなく，もちこたえていることが求められるのです。

　そしてビオンは次のように言いました。

表 13 負の能力 negative capability

> 真実や道理を得ようといらだってあがくことなく，不確実，神秘さ，疑惑の中にいることができる

「自分が何者であるのかを認識するのにあまりに長くかかってしまうアナライザンドの特異さや難しさに，精神分析家はもちこたえられなければなりません。精神分析家がアナライザンドの言うことを解釈できるのなら，彼らがその解釈を知っているとの結論に駆け込むことなく，アナライザンドの言っていることにもちこたえる偉大な能力を持っているに違いありません。このことが，シェークスピアは「負の能力」にもちこたえることができたとキーツが言ったとき，彼が意図していたことだと私は思います。」（リオデジャネイロ 1974）

　私たちが生きていくのに大切な'経験から学ぶ'ということの重要な要素のひとつは，この知らないことにもちこたえるという体験をその人が体得しているか，それを省みることができるかということでもあるのです。そしてここには，知らないことを認めるという自分は万能や全知ではないという喪失の悲哀を受け容れる，喪の悲哀の仕事が内的になされていることが求められています。英国クライン派分析家リーゼンバーグ-マルコム，R.の論文集の表題「耐え難いこころの状態にもちこたえること」はここから来ています。

　精神分析の実践と理論の関係について，ブラジリアのセミナー（1975）で参加者からの──「私ならこの子との面接では，クライニアンの観点を利用するでしょう。つまり，母親や原初対象との関係です」──との発言にビオンは答えました：「私が疲れていて，何が起こっているのかわからなくて，この子が何も私に語ってくれないのなら，私も同じことをすると思います。実際のところ悪循環に陥ったら，クライニアン理論やフロイディアン理論やアブラハム派の理論やなにかの理論に私は頼るかもしれません」。

　理論とはそのようなものなのです。いかなる理論も，それを知る人に万能感と安心感は与えるかもしれませんが，大事な問いにとって災いになりそうなものなのです。

17. 進展；選択された事実，未飽和の考え，考える人のいない考え

　ビオンは精神分析の意義は，医学モデルの「治療」や「治癒」，生産モデルの「成果」と呼ばれる症状の改善や苦痛の除去にあるのではなく，**進展 evolution** にあると考えました。「「治癒」は精神分析家が楽しみとしてこころに抱いてはならない欲望の一例であり，精神分析にとっては何の意義も持っていない。それが，精神分析という現実や精神分析上の体験という世界の未知性の発見を妨げる」と言います。

　進展とは，「既知の感覚からの実感がまったくない心的現実」であり，「明らかな関連のないまとまりを欠いた現象の山が，突然の直感のうながしによってひとまとめにされて，以前は有していなかったまとまりや意味を与えられること」なのです。「カレイドスコープ（万華鏡）からパターンが現れるように，患者が生み出した素材から展開されている状況だけでなく，以前は関連しているとは見えず，関連するようにデザインされていなかった他の多数の状況にも属するようにみえるひとつの形状が現れる」（再考1967）のです。これが'洞察'と一般に言われていることでもありますが，'過大評価された考え' overvalued idea（R.Britton と J.Steiner）によって発生する'幻の閃き'（中川）ではなく，まさに'選択された事実'がもたらすものであり，事実掌握の進展です。

1．選択された事実

　知らないことにもちこたえることができたとき，幾つかの事実の連接が直感され，そこから発見された事実に基づいた新たなひとつの概念を形作るのが，'選択された事実'です。（第15章も参照）

ある女性アナライザンドは母親を厳しいが，強く正しく真の愛情をもっている完全な人であると尊敬の眼差しで見てきていました。それはまるで彼女が崇拝する神そのままでした。しかし分析の長い歳月のなかで，母親の脆さ，心もとなさ，そのための虚勢，傲慢さ，愛情表現の拙さが見えてきたのです。それらを知ったことで彼女は母親が年老いたひとりの女性であることを知ったのでした。それまでの早まった確信の結晶化である'過大評価された考え'は'選択された事実'に道を譲り，そこに進展が起こりました。

　知らないことの中におのずと浮かび上がってきた幾つかの事実がつながったときに，これまでには気がつけなかった新たなものが鮮明に見えてくるのです。すなわち，「まとまりを発見した」との情動体験的な実感の名前が'選択された事実'です。ですから選択された事実の間の関係は，論理的であるとはまったくかぎりません。これを精神分析的にいうなら，妄想－分裂態勢の対象にまとまりを与え，それによって抑うつ態勢を導入することです。追記しておきますと，この'選択された事実'という概念は，フランスの数学者アンリ・ポアンカレ（1854―1912）が提出した数学由来のものです。
　フロイトが精神分析を創始する前に催眠をヒステリー治療に使っていた頃，パリのシャルコーのもとに留学しました。シャルコーは新しい幾つかの未知の神経病を見出した神経内科学の大家でした。「事実が語りかけてくるまで，事実を繰り返し繰り返し見つめること」というシャルコーの臨床姿勢を，フロイトは精神分析を始めてからも貴重なものと考えていました。それがまさに，選択された事実を見出すことなのです。
　フロイトは多くの患者の自由連想に耳を傾ける作業を長く続け，そこから，性欲動，性にまつわる幼児的空想，両親との三者関係，去勢不安という選択された事実を浮かび上がらせ，神経症の中核葛藤としての'エディプス・コンプレックス'の概念を見出しました。また，クラインは，部分対象，迫害性の不安，具体的で原始的なスキゾイド機制（心的メカニズム）という選択された事実から'妄想－分裂態勢'，ひとつにまとまった全体的な対象，抑うつ不安，洗練された心的機制という選択された事実から'抑

うつ態勢'という独創的なふたつのコンセプトを提示したことは誰もが知るところです。

　精神分析セッションにおいてアナライザンド，もしくは分析家は'選択された事実'を見出します。

　閉鎖病棟で長年入院治療中の粗暴行為を繰り返していた大男の統合失調症男性との精神分析のある時期，私は面接室の中でこの患者に殺されてしまう空想を私自身がいつのまにか抱いていることに気がつきました。私の中に強い迫害的な恐怖がありました。当初はその恐怖に圧倒されていましたが，やがてその恐怖感はそのときの分析場面に似つかわしくないことに，私は気がつきました。それからカウチに横たわる彼の様子を見続けたところ，しばらく前から彼自身が胸を押え苦悶する姿勢をよく取っていること，さらには表情に強い怯えが浮かぶときがこの頃富に多いのにも私は気がつきました。彼の姿と表情，そして私の中の恐怖という一連の事実は，しばらくして私の中に，彼こそが「殺される」と怖れているとの考えを私の中にひらめかせました。

　そこで私は彼に，＜あなたは，今にも殺されるのではないかと，ひどく怖れて怯えているようです＞と解釈しました。そうしたところ彼はすぐさま私の解釈を肯定し，やくざが乗り込んできて殺されそうで怖しくてたまらないとはっきり語りました。それは，私の中の恐怖が速やかに消えたときでもありました。

2．未飽和な考え・考える人のいない考え

　ここで言い換えるなら，前述の女性アナライザンドでの，これらの選択された事実によって浮かび上がってきた思考──「母親がひとりの不完全な人間にすぎない」という考え──は，それまで'未飽和な考え'，'考える人のいない考え'だったのです。未飽和な考え（精神分析の要素1962）は，彼女のなかで飽和されました。あるいは，考える人がいなくて，外界，空気の中を漂い続けていた考えは，考える彼女のなかに棲み処を見つけたのです。誤った概念──強く正しい完全な人──によって時期尚早に飽和されていたため妨げられていた，意識されていなかった前概念が機会を得

て，実感されて概念になったと表現することもできます。

　このように考えが飽和されるには，必要に応じた適確な解釈を分析家がする必要があります。ある考えは考える人がいなくても存在しており，その棲み処をアナライザンドの中に見つけるためには，その漂う'考える人のいない考え'を分析家がしばらく自分のなかにしばらく棲まわせておく必要があることもあります。そしていつか解釈によって，もともとの棲み処であるアナライザンドのこころに戻すのです。

　前者，未飽和な考えが飽和されるという理論モデルは化学からのものであり，後者，考える人のいない考えというモデルはカント哲学からのものであることはあらためて述べるまでもないことでしょう。前述の選択された事実と並んで，ビオンが縦横無尽に理論モデルを活用する姿勢がよく現れているところでしょう。

　ちなみにビオンのこの視点はその後の精神分析家によって表現は異なりながらも活用されています。たとえば，ボラス，C. の'思考されない知' Unthought Known，コルタート，N. の'考えられないことを考える' thinking the unthinkable，スィーガル，H. の'考えられない考え' the unthinkable ideas といった表現です。

　確認行為を繰り返していたある強迫の青年は，私との間で 500 セッションを越えて精神分析的心理療法を続けました。彼はこの治療の中で，ある宗教を盲信する母親に対するアンチテーゼとして幼い彼自身があえて病的な状態にはまり込んでいったことを激しく苦悩しながら想起しました。しかしそれでも，彼にはこころに置いておけない考えがありました。それは「自分は母親に嫌われている」という考えでした。この考えはあまりにも強烈な絶望をともなっているものでした。この彼には'考えられない（この）考え'は分析過程においても長い間，私のこころに棲まわせておくことが求められていたものでした。選択された事実が徐々にそろい，彼の中でつながれるまで，私はその解釈を控え，絶望感を味わいながら，その考えられない考えを私の中でコンテインし続けたのでした。

　思考の水準で，私たちが精神分析家としてアナライザンドに何をしていくのかが，ここに明確に表されています。しかしながら，私たちが理論やそれまでの経験に基づいた先入見にとらわれていたり，選択された事実が

浮かび上がってくるのを待ちきれず，性急に答えを出そうとしてしまうとき，私たちが潜在的に過大評価している前概念を，選択された事実の代わりに見出してしまうのです。前章で引用したモーリス・ブランショのことば「答えは，問いを不幸にする」のひとつの例です。

　それは見出された事実ではなく，私たちの思考の無意識の投影にすぎません。これは実によく起こりやすいことです。そのときに読んでいる文献や書物の中にある魅惑的な考えを，あるいはスーパーヴィジョンでスーパーヴァイザーが語ったアイデアを，直ちに間近なセッションでのクライエントの発言に私たちはそのまま結びつけてしまいがちです。あるいは，最近注目されている疾病——たとえば発達障害，双極性障害Ⅱ型など——にたやすくあてはめてしまうのです。そのようにして未飽和な考えが，不適切に飽和されてしまい，もはや考えるスペースはなくなってしまいます。これでは考える人のいない考えは，ほんとうには考えられていないままです。

　ある女性は幼い頃，原因不明の腹痛や倦怠感に苦しみました。幾つかの医療機関を訪れましたが病気は見つからず，母親からは原因もないのにむずかる悪い子だと責められ続けました。また「あなたの業（ごう）だ」と責められました。その後，彼女のお腹が膨れ始め，ようやくある医師によって，それが結核性の腹膜炎であることが診断されました。母親からは，彼女が結核による腹膜炎に罹ったこともやはり「あなたの業だ」と責められました。その人生において彼女は，「自分が業を持つ悪い子だからいけないのだ」と強い罪悪感に苦しみ続けました。けれども私との数年の精神分析的心理療法の後期において，実は母親その人が結核を患っていたとの事実を彼女はあらためて見出しました。すなわち彼女をあれほど苦しめた結核性腹膜炎は，母親からの感染と考えることがもっとも妥当であると気がついたのです。こうして適切な飽和が，彼女の幼児期の病の原因についてなされ，業であり罪悪であるという，時期尚早かつ不適切な飽和に取って代わられたのでした。

3．考える人のいない考えと嘘

　'考える人のいない考え'については，嘘との関係で知っておいてよい

ことがあります。真実もしくは真の思考は，考える人を必要としません。その思考は，それを通じて意義を達成する，考える人の到来に向けて常に用意されています。一方嘘では，その定式化とそれを考える人が欠かせません。このように，嘘とその考える人は不可分なのです。デカルトの「我思う，故我あり」という考える人を前提とするのは，嘘にのみあてはまるとビオンは言います（注意と解釈 1970）。

また別のところでは，「ひとつのこころともうひとつのこころとの結合が両者の破壊につながる結合が，嘘である」とも言います。つまりそこでは，分析家が嘘をつく人の分析を漫然とおこなっているなら，それは破壊を生む寄生的関係になるだけなのです（第 12 章を参照）。この場合，嘘を受け容れるのなら，分析家は寄生的関係の宿主になりますし，嘘を受け容れないなら，分析家は考える人のいない考えそのものであると嘘をつく人に受け取られて，その人を迫害していると体験されます。

やせを希求して過食と嘔吐を繰り返す摂食障害のある既婚女性が入院治療をすることになりました。別居状態にあった彼女は，早く太って家族と一緒に住みたいと私たちに語っていました。しかし内心はまったく違っていました。やせたままでいることに固執していました。このため彼女は病院での食事を食べている風に装いながら，隠し持ったビニール袋に密かに捨てていました。あるいは，隠れてトイレで吐いていました。それでも尋ねられたら彼女は，「早く家族と一緒に過ごしたいから，食事をしっかりとっています」と平然と嘘をつくのでした。当然ながら入院期間が 2 カ月になろうと 3 カ月になろうと体重はまったく増えません。むしろ減るほどです。その事態に彼女は「不思議ですね。どうしてなんだろう。私はきちんと三食食べています」と，彼女の日々の食べている努力が実らないことがまったく不可思議なことでしかないこととして反応しました。

彼女は何も変えたくはなく，入院を彼女は治ろうと努めたとの家族に向けた免罪符にしたいのでした。そのままでは私は寄生されている宿主でした。その結果，私の治療者としての評価はやせ細ります。私は入院で起こっていること――つまり，食べていると主張するも，やせは変わらないこと，トイレで吐いたり，食べたふりをしてビニール袋に捨てていることはわかっていること――を彼女に直面化しました。すると彼女は私に激しく怒りま

した。私が，努力している彼女を信用していないと言うのです。もはや私は迫害者でした。ここにあったのは，後に不変なまま退院を強行することにした彼女自身が思わず吐露した「自分自身も他者も信頼できない」という考える人のいない考えでした。彼女が彼女自身の中にこの考えを置いたとき，彼女は強い抑うつを体験し，ゆえにその考えは直ちに放棄され，抑うつは排出されました。そしてその考えも抑うつも私の中に棲みこみました。それらは私が長く考え，味わうものになったのでした。

　では，どのようにすれば，選択された事実を見出し，未飽和な考えを飽和させ，考える人のいない考えをその棲み処に戻すことができるのでしょうか。ビオンは選択された事実が浮上する過程全体は，'くつろいだ注意'に依拠していると言います（経験から学ぶ 1962）。それを次の章のテーマにしましょう。

18. 記憶なく，欲望なく，理解なく

　知らないことにもちこたえ，事実が直感される方法としてビオンが提示したのが，有名な「記憶なく，欲望なく，理解なく」という表現による分析家のこころの姿勢でした。この'くつろいだ注意'が，知らないことの暗闇を貫く矢になるのです。
　それは次のように言い換えられています：

　「できるだけ真っ白に近いこころでセッションを始めようとのことです。それは，真っ白というわけにはいきません。なぜなら，生まれてからこの方，人には膨大な過去の歴史があるからです。つまり，気体環境，空気の住人になってから，人は並々ならぬ量の事がらを学んできました。どのくらいのことが忘れられたのか，私にはわかりません。」(証拠1976)

　次の事実も述べました：

　「分析家とアナライザンドは，面接室で起こっていることを知ることができます。でも，12年前に起こっていたこととか，精神科病院で起こっていたことは知ることはできません。それは記憶に頼ることなのですが，記憶とはひどく人をあざむくものなのです。ですから，現実がはっきりするように，記憶や欲望を捨てることが役に立つのです。そのときには何の証拠もないことについて話す必要がないと感じることは，分析家にはとても好都合なことです。」(ブラジリア1978)

　そこにある問題は，「患者の語ることを記憶することや患者の幸福を欲望することに慣れている人はどんな人でも，どんな記憶や欲望にも必ずともなう分析的直感への害悪を想像することが難しいだろう」(注意と解釈

1970）ことであると言います。さらに，「先入観から自由になり事実に敏感になるには，訓練が必要です。医学についてたくさんのことを知ることは役に立つかもしれません。そう思う人もいるでしょう。しかし，もっと大事なことは，それが自分の感覚を犠牲にした上でなされるべきではないことです」（LA 1976）とも語りました。

　この見解，精神分析セッションに「記憶なく，欲望なく，理解なく」臨むことは，発表当時，カンバーグら米国の精神分析家，つまり自我心理学派の精神分析家から強く批判されました。それだけではなく英国クライン派の一部からも批判されました。それは，一読すると理に合わないことをビオンが述べているようだからです。記憶や欲望や理解を持たずに分析セッションに臨むことはありえない，と西洋の合理主義思想からは考えられます。それだけではありません。この見解はそれに対峙する時，私たちの自我をひどく脅かします。しかしこのこころの態度は，私たちはどこかで耳にしている東洋思想の'無の境地'と呼ばれるものを連想させる，日頃なんとなく馴染みある考え方です。私たちには，わからないでもないなと思わせるところがあります。それは直感的知を重視し，そのためのこころを訓練して準備するとの思想が古代インドにあり，仏教とともに私たちの文化に入ってきていたからなのです。

　すでに他章で述べていますように，ビオンはもっと合理主義思想の立場からも述べています。それは分析家のこの理想的なこころのあり方はグリッドでは，夢思考・夢・神話水準と前概念水準の思考であり，その使用法は表記・注意・問いにあたる，すなわちC3・C4・C5・D3・D4・D5に収まるといっているところです。それを記載した著書「変形」（1965）までは徹底して西洋科学思想で精神分析体験を解明しようととしたビオンがその限界に行き着いて，8歳までのインド生活でインド人の乳母との交わりを通して日常的にふれていた東洋思想に飛翔し始めたことが，この見解に顕著に出てきているのです。

　幼き日のビオンは，インドではインド人の乳母からたくさんのインドの民話や伝説の物語を聞かされていたでしょう。そしてそれらを語って聞かせる乳母は，無意識ながらヒンドゥー教に含まれるサンスクリット思想をそのまま生きている人だったにちがいありませんから，私たちが子どもの

頃そのときそれとは知らずにサンスクリット思想を含む東洋思想のなかに生きてきた（たとえば，阿修羅，帝釈天，護摩，鬼子母神，韋駄天，吉祥天等あり，「日本人はいわば隠れヒンドゥー教徒である」（上村）とまで言われます）のと同様の体験をビオンもしていたのです。ですから私たちには，ビオンの「記憶なく，欲望なく，理解なく」が感覚的に分かる感じがあります。しかし対照的に，西洋思想だけで生きてきた人にわからないのは当然ともいえるでしょう。

1．記憶なく

　ビオンは記憶には次の定義を与えました：「『記憶』という用語を**意識的な想起の試み**に関連する経験にあてる」。
　記憶は，不確実さ，神秘，疑いが突出することへの恐怖の表われなのです。すなわち，それらへの恐怖の防衛です。さらに次のことを言っています：

　　「私は記憶に，通常与えられている意義を与えない」，「記憶は感覚的経験から生まれ，それだけに適したものである。精神分析は感覚的でない経験［著者注：不安や恐怖等を指しています］に関わるのだから，感じられるものの知覚に基づいた記録は，精神分析には関係のないそれである。」（再考 1967）

また次のように言い換えてもいます：

　　「記憶は五感に頼っている。そのため五感の限界とそれらの快感−苦痛原則への従属によって限定されている。ゆえに，記憶は人を惑わすもの」（注意と解釈 1970）

なのです。
　「記憶なく」とは，その目の前のアナライザンドがかつて語ったことや私たちが他のアナライザンドとの間で知見したこと，さらにはすでに得ている知識や理論というすでに記憶として蓄えられている考えを**意図して想**

起して，目の前にいるアナライザンドに結びつけてはならないという意味です。この記憶を**意識的に想起してはならない**，とのことが大事なところです。記憶は過去のものですが，過去からの知見を現在にそのまま当てはめてはならないとの教えです。それによって現在，今あることを見る目を曇らせてはいけないのです。言い換えるなら，精神分析セッションという'今ここでの体験'の大切さを説いています。

ですから，今ここでの体験に浸りながら，過去からの何かが分析家のもの想いの中に**自発的に浮かんでくること**を禁止しているのではありません。むしろこうした自由な連想は大切かつ不可欠なものです。そうではなく，分析家が意図的に過去から何らかのものを持ち込まないようこころがけることが説かれています。その知識が，自由な連想，自発的な想起を不幸にするからです。そもそもまちがいは忘れやすさよりも，記憶を放棄できないことから起こりやすいのです。

分析セッションでの記憶への対応として，特定のセッションを想起したくなるときにその誘惑に抵抗する，自分が記憶をめぐらしていることに気づくならそれを断念する，過去に何が起こったかとかどのように解釈したかとかを想起したく思う衝動に抵抗する，浮かびかかった記憶が突出してくることに抵抗する等をビオンは挙げています。つまるところ，あらゆる「セッションは，すべて初回セッションなのです」（ブラジリア1975）。

ある分析セッションである患者がビオンに，「先週，あなたはかくかくしかじかのことを語りました」と言いました。彼ははっきりと「先週言ったことは，私は忘れています」と答えました。

2．欲望なく

現在を見る目を曇らせないというこの視点が，過去ではなく未来に向けられている表現が「欲望なく」です。

こうあって欲しい，こうしたいといった欲望に分析家がとらわれてしまって，現在を見ている目が曇ってしまうことへの戒めなのです。よい精神分析家でありたいという欲望は，精神分析家であることを妨げるとビオンは言います。

私たちは，アナライザンドや患者にさまざまな欲望を抱きます。
　「早くよくなって欲しい」，「不幸な生き方をやめて欲しい」，「自分の問題にきちんと目を向けて欲しい」という救済者としての願望から，「治してみせるぞ」といった治療者としての万能感に基づいた欲望があります。このアナライザンドとの「分析を早く終わりたい」，あるいは「好かれたい」，「ずっと続けたい」という願望もあります。はたまた「周囲から治療者としての実力を評価されたい」，「もっとお金を得たい」，「論文にして学会に認められたい」，「新しい理論を作り出したい」，「性的な関係になりたい」といった欲望もあります。「このセッション時間を早く終わらせたい」，「週末を早く迎えたい」というセッション開始前に始まる欲望もあります。
　まだまださまざまな欲望を，おそらく過去の記憶に負けないほどの量の欲望を私たちは抱えています。これらの欲望を抱えてその分析セッションに臨んでいるのなら，そのセッションは分析家のためだけのものになってしまいます。それによって，アナライザンドが自分自身をそのまま表している'今ここに'ある現在を汚染してはならないのです。私たちは自らの欲望をはっきり意識化して，それが汚染を起こさないようにこころがける必要があるのです。今ここで「欲望なく」見て聴くのです。ビオンは，欲望を抑えることをセッションの中だけで試みるのでは遅すぎる。欲望する習慣を育てない心構えが普段から必要であると言います（注意と解釈 1970）。
　あるセッションで時間が半分をとうに過ぎた頃，アナライザンドの連想に耳を傾けもの想いにふけりながら，私は何気なく目を面接室の向こう側の柱に向けました。そのとき，私の目が何かを捕らえました。ふっと無意識の内に私は注意をそれに向けました。それは，4センチほどのとてもつやのある茶色の微妙に動く物体でした。そうです。そこにゴキブリが居たのです。面接室でゴキブリを発見したのは，この十年来初めてのことでした。私はそれにすっかり囚われてしまいました。このセッションが終わった後そのゴキブリをどのようにして駆除しよう，ほかにも居たらどうしようと，未来に向けた欲望がすっかりこころを占めてしまいました。それまでのアナライザンドの考えや感情を置いていたこころの状態はすっかり崩れてしまいました。

もちろんここでも，私たちのこころに**自然に浮かんでくる**欲望は，それを意識のものとしその意味を分析関係の文脈（コンテクスト）でつかむのなら，アナライザンド理解に活用できるものです。近年強調されている分析家が逆転移をアナライザンド理解に，転移理解に活用するという見解と技法はこのことを言っています。面接室の中にそのアナライザンドといて，私たちの中に自然に湧き上がってくる記憶や欲望を意識化して，それらが目の前のアナライザンドの表しているものと連結できるかもしれないときをもの想いの中で待つのです。

3．理解なく

　最後の「理解なく」が，意図的な理解なく，という意味であることは，これまでの記憶や欲望についての解説を通してすでにおわかりでしょう。

　何々について理解するというこの'について'が入り込むとき，私たちは無意識の内にすでに保持している既成の概念や思考と照合し，それにあてはめようとしてしまいます。この'あてはめる'という行為が危ういのです。未飽和に置かれておくべき体験を時期尚早に飽和させ，その体験の適切な理解が妨げられます。

　理解というのは，概念や理論を活用することで成り立つものです。しかし，その理論がほんとうの理解の妨げになることをビオンははっきりと認識していました：

> 「私は，精神分析理論を聞くことにはうんざりしています。それらの理論が実生活を私に思い浮かべさせないのなら，私には無駄なものです。依存についての理論の適用も，その理論が，私が生きている世界でいつでも私が見ることのできるものを思い起こさせないなら，私には役に立ちません。」(1976)

　典型的な例は，私たちが誰かの理論や考えについて感銘を抱きながら読んだり聞いたりした後に分析に臨んだのなら，そのアナライザンドが語ることを私たちは意識的か前意識的に，その最新の理論や考えと照合し，あ

てはめようとします。それは，知らないことから知っていることへと早く移りたい，との私たちの願望の現れでもあります。知らないことに耐えられないとき，時期尚早な借り物の理解を私たちはなしてしまうのです。そしてこの理解によって飽和されてしまうために，事実はもはや見えなくなってしまいます。要は，頭で意識的に作り上げる理解ではなく，自然に湧いてくる理解がいかに大切かを伝えています。

　私たちがケース検討会やスーパーヴィジョンにおいて，提示された面接で起こっていることを読み取る練習を意識的にしていくことは大切な訓練です。ただしこれは，言わば本番のための練習なのです。後知恵を得たり検討することは，やがて実際場面においてその場で，その知恵が自然に湧くことをもたらします。スポーツ選手や音楽家，熟練工の普段からの練習が，本番では無心でもっとも好ましい技術の実行をもたらすことに共通するものです。そのように，ケース検討会やスーパーヴィジョンのときと，実際の面接場面では心構えは異なっているべきなのです。

4．自由に漂う注意

　「記憶なく，欲望なく，理解なく」は，フロイトが述べた「自由に漂う注意」をもっと実際的に言い換えたものととらえることもできるでしょう。自由に漂う注意で，ある特定の何かに意識的にとらわれない，焦点化しない態度を保つことの大切さをフロイトは述べました。ある特定の何かに意識的にとらわれてしまうと，そこに限局された意識的考えや感情が強く連結してしまうという，まさに過去や未来の産物や理論に捕縛されてしまうのです。これもまた，フロイトが正の視点で語ったところを，ビオンは負の視点から語っています。ビオン自身は「自由に漂う注意」とは直接に結びつけませんでしたが，「みずからを人工的に盲目にする」というフロイトの表現を好み，それとはつなぎました。

　同様なこころのあり方を前田重治は「無注意の注意」と表現しました。精神分析を東西の芸論から検討している前田らしい表現ですし，とくにわが国の芸論は意識的ではないにしろ，まさに東洋思想に基づいて表現されていますから，「無注意の注意」は禅的（すなわち仏教＋老子的）表現に

よる精神分析技法なのです。ビオンは彼の「記憶なく，欲望なく，理解なく」と同じ発想のものであることを肯定するでしょう。さらに私たちの知る「無私」，「則天去私」ということばにも近いようです。

　ビオンによれば，忘却する能力，欲望と理解を回避する能力を高めることは，精神分析家には必要不可欠の訓練です。私たちが記憶・欲望・理解を抑制できればできるほど，実際には当然その性質はまったく同じではないのですが，昏迷によく似た睡眠状態に陥る可能性が高くなります。そこでは知覚が研ぎ澄まされ苦痛に感じられます。それはとりわけ特定の物音に対する聴覚に残ります。

　速やかに眠りに陥っているこころの状態とすこぶる知的に覚醒しているこころの状態との境界にあるこころの状態が，私たちに求められています (LA 1976)。

　それでは「記憶なく，欲望なく，理解なく」をなし遂げるに足るこころの在り方とはどんなものなのでしょうか。次の章に進んでみましょう。

19. 誠実な信頼

1．Faith——科学的なこころの状態

　'誠実な信頼'の原語は Faith です。このことばは宗教色の強いことばです。The Catholic faith は，キリスト教やキリスト信仰，キリスト教の教義と翻訳されています。Blind faith は盲信です。Faith にはその他に，信念，約束，誓約，誠実さ・誠意などが訳語にあてられています。

　このような多義なことばをビオンが採用したのは不思議な気もしますが，日本語にすると多義になるのであって，おそらく英語の感覚としては唯一の絶対神との約束を主意義とする，明確な意味を感じさせることばなのでしょう。ただしビオンは，このことばは**科学的な手続き**にかかわることばであって，宗教的な意味からは区別されなければならないと言います（注意と解釈 1970）。つまり彼は宗教的意味を含めません。

　わが国では faith は「信念」と訳されることが多いようですが，信念は belief の第一訳語でもあります。belief はパーソナルな信念，faith はもっと普遍的な信念と意訳できるかもしれません。後者の意味を表わすことばとして，'誠実な信頼'を私はあてました。この誠実な信頼 faith を，F と抽象化することもビオンはしました。

　ビオンは，**科学的な探究をなし遂げるためのこころの状態**をあらわすものとして，この言葉——誠実な信頼——をあてました。それは，目の前にある事実，現実をそのまま受け容れるこころのことです。'記憶なく，欲望なく，理解なく'あるとき，分析家に求められるこころの状態は，「誠実な信頼」——'誠意'と呼んでもいいのかもしれませんが——である，と述べています。それはありのままを入れるこころを準備しますし，「究極的な現実と真実，すなわち未知のもの，不可知のもの，『形のない無限』（すなわち，O）が存在するとの誠実な信頼」です。曇りのない目で事実

を受け容れるこころです。それはフロイトが手術の臨む外科医のこころの状態とたとえた，精神分析での分析家の心的態度とも似ているでしょう。

　このFの歪曲のひとつは，知覚に頼ることです。そしてもうひとつは，超自然なものに結びつけることです。それらは未飽和なままに置かれるべきFを，時期尚早に飽和させてしまうだけです。後者の超自然なものにたやすく結びつける傾向は，ユング心理学，あるいは精神病に見られます。ついでながらこの両者のここでの共通性は当然に思われます。というのは，ユングはもともと統合失調症を診ていた精神科医でした。つまり超自然という早すぎる飽和は，精神病から消化しきれないままユングがとり入れたものなのでしょう。

　ビオンは精神病の心的状態と誠実な信頼との違いを次のように述べています：誠実な信頼のこころは，第一に，現実からの部分的な切断に限られている。第二に，意図的で意識的に訓練された行為である。第三に，精神病的操作の目的とは異なる目的を持つ。第四に，感覚的接触の破壊ではなく，減少に努めている。私には，この科学的な手続きに従うこころ，誠実な信頼こそが精神分析を精神分析たらしめ，他の心理療法との一線を画している要素の重要な一つであるように思われます。

　ここではK（患者の理解や患者との同一化）は，Fに取って代われることになります。そこから，分析経験のOを受け容れる，つまりOへと進展するこころの状態が達成されるのです。それは決して安穏なものではありません。Fの増大は，分析家とアナライザンドの両者にとって耐え難く苦痛な体験がしばしば顕わにされ，経験できるようになります。それは，それぞれの自我への深刻な攻撃と感じられます。

　それはことばを替えて，次のように語られています。

　「それにしても，あなたがよい分析家であるとして，もし求めるなら，どんな報酬をあなたは期待しますか。どんな硬貨があなたに支払われるでしょうか。あることわざがあります：　美点はそれ自体が報酬である，と。よくあることの報酬は，よくあることです。よい分析家であることの報酬は，よい分析家であることです。よい父親，もしくはよい母親であることの報酬は，ただ単に，よい父親，もしくはよい母親であることなのです。」（サンパウロ 1978）

誠意とは，このようなことなのです。

2．誠意からの行為

そして，さらにそれは'誠意からの行為' act of faith へと進展します。

誠意からの行為は科学的な手続きに特有であり，'感じ'とも関係がありません。それは記憶と欲望を積極的に控える行為であり，つまりはOを直接に悟る行為です。それがなされるとき，芸術家のOが芸術作品に変形されていても感知できるようになるのと同じように，分析家の思考によって表現され感知されます。

それではなぜ，誠意からの行為が分析家に必要なのでしょうか。それは幻覚や幻覚症を悟るためなのです。すでに述べてきましたように，ある人が（幻視，幻声，幻触，幻嗅等の）幻覚を体験しているとき，私たちの五感を使っては私たちは幻覚は把握できません。「死ね」という声が聞こえる，真っ黒な衣装の女性が見えるとそのアナライザンドが言うとき，私たちの聴覚や視覚はそれをとらえません。それでも彼らが体験している以上，その五感では把握できないものを分析家はつかまなければならないのです。

ある役割を演じることは，誠実であることとは矛盾するとビオンは言います。私たちは善人や穏やかに'見えること'と'きちんと考えること'の間で選択しなければならないのです。彼は生きることの三原則を提案し，次のように言いました：「まず第一に，感じること。次に，先を見越して考えること。三番目に，感じること＋考えること＋考えること」です（思わしくない仕事 1979）。

こころが，感覚器官によって知覚可能な要素であらかじめ占められていると，感覚ではつかめない要素を知覚する能力がその分落ちてしまいます。誠実な信頼は，記憶と欲望と理解を排除して自分自身を「人工的に盲目に」（フロイトのことば）させることで実践されます。

それをビオンは次のようにも言います：

「ぼんやりとした問題に解決をもたらそうと，輝かしく知性ある知識を持ち込

もうとする代わりに,「光」——暗闇を貫通する光線,サーチライトでの探照——を弱めていくことを私は提案します。……暗闇がすっかり行き渡るなら,光を発する絶対的空に達するでしょう。そのためもし物体/対象が存在するならば,どんなに微かでもそれはとてもはっきりと浮かび上がるでしょう。このようにとても弱々しい光が,真っ暗闇の頂点で目に見えるようになるでしょう。」(リオデジャネイロ 1974)

この逆説的な比喩,まさに東洋的感性からのものです。こうして解釈が分析家の中に生まれるのです。

「もし,あなたの患者があなたを馬鹿にしたりだましたりすることができないとしたら,彼には何かひどく悪いところがあるにちがいありません。そしてそれと同様に,馬鹿にされることが許せない分析家にも何かひどく悪いところがあるのです。すなわち,あなたがそれにもちこたえることができるのなら,腹を立てることにもちこたえられるのなら,それからあなたは何かを学ぶでしょう。分析家がどんなにあるべきかというどんな理論も気にすることはありません。私たちがどんなにあるべきかは,精神分析の実践でもどんな実生活の実際でもまったく意義のないことなのです。大事なことは,私たちがどうであるかなのです。」(NY 1977)

この見解は精神分析家の誠意の実際にかかわるとても重要なものと私は考えています。

ある重い抑うつを呈した男性の精神分析を私は続けていました。その中で,彼の乳幼児期の両親との関係での両親からの愛情剝奪がありえたことが,かなりの確実さを伴って浮かび上がってきました。彼はそれを肯定しましたが,今では何の意味もないとすぐに否定しました。また私との関係で彼が私から愛情剝奪を体験していることが浮かび上がりました。それを彼は肯定しましたが,それも何の意味もないと拒絶しました。彼の愛情希求が現実に満たされないことには,何も変わらないと主張します。このように繰り返される彼の否定と向かいあって私は,私の行っている方法,すなわち精神分析は何ももたらさないとの疑問を感じないわけにはいきませ

んでした。しかし私は，私たちの間に現れているものを言語化するという精神分析の方法を維持しました。やがて私たちは強い行き詰まりに当たり，精神分析をやめようというところになりました。彼はやめてしまう勢いでした。私は彼がそのように決心するなら，それを受け容れるとして，私自身は精神分析の方法を続けました。形勢は，もう終わるしかないようでした。そのとき彼は言いました，「私は続けたい」と。そしてそれから彼は，彼が肯定的にとらえていることを初めて語ったのでした。

　次のビオンの発言も重要だと思います：

　「分析体験は航海をしているようです。両者が嵐に見舞われているのですが，そのうち一人は嵐に耐えられません。これは見えない嵐なのです。つまり，情緒の嵐なのです。患者の精神分析は情緒の障害を引き起こします。ときにかなりの情緒障害を引き起こすので，面接室にも収められなくなります。波は，患者の夫や妻，子どもたちや他の身内にも波及します。ですから波が分析家に及んで当然なのです。この大荒れ，荒れ狂っているこの嵐を知らずして船乗りや海兵でいられないように，分析家でいることはできません。」（サンパウロ 1978）

　荒れ狂っている嵐，情緒の撹乱にもちこたえる心構え，それも誠意によるものと私は思います。
　誠実な信頼というこころの状態は，私たちがアナライザンドの表わすこと，私たち自身の中にあるもの，そして精神分析過程に向けて私たちが持とうとしていくもののように私には思えます。その誠実な信頼をもって営むことが，精神分析過程をそれとして進展させるとも言えるようです。

3. 孤　立

　前述した抑うつ男性の分析過程で私は孤立していました。彼は私の解釈をすべて否定しましたし，情緒のふれあいも否定しました。そこで私は孤立した私自身の考えと，彼の思いに沿う考えの両者を分立させて保持していくことが必要でした。彼も孤独を強く感じていました。ただそれは被害的な孤立感でした。それにもビオンは触れています。

「分析は剥奪の雰囲気において営まれなければならない」，すなわち「分析家もアナライザンドも，分析の親密な関係の中にいながら，いかなるときにも孤立の感覚を失ってはならない」。「協同作業がどれほどよいもの，もしくは悪いものであるとしても，分析家は孤立の感覚を失ってはならないし，アナライザンドから奪ってもいけない。孤立の感覚は，分析に来させた事情と将来それから生じるかもしれない帰結が，誰とも共有できない責任であるという認識に基づいている」（精神分析の要素1963）と言います。この在り方の根底には，'誠実な信頼' が必要です。

　しかしこの誠実な信頼こそが，まさに精神分析セッションの只中で揺さぶられ続けるものなのです。それでも孤立していながら私たちが，アナライザンドのこころに触れ続けようとすること，そこに表されているものを見続けようとすること，それが精神分析なのではないでしょうか。

20. 直感，あるいは，Oになること

1．直感，あるいは直裁

　ビオンは科学的思考と方法を徹底させることで，生きた精神分析の対象（アナライザンドのパーソナリティ）を知ろうとしました。そのための客観的な指標の一覧がグリッドであり，方法がKでした。加えて数学も利用しました。しかしながら精神分析体験は科学的な方法論ではとらえられないとの限界に彼は行き当たりました。そこでビオンは精神分析体験の把握にさらに宗教，ウパニシャド哲学による視点も活用することになります。ウパニシャド思想では，涅槃の境地（解脱）として，ブラフマン（わが国では「梵」と記されている膨張するもの，宇宙の根本原理，無二の根本実在，絶対者）との一体化をめざします。アートマン（真実の自己）とブラフマンがひとつになるのです。全体に帰入することによって，すべてをそのままに観ることができます。

　それらから出てきたのが，第18章の主題である「記憶なく，欲望なく，理解なく」でした。つまり，いわゆる「無の境地」です。そしてそれを実践するためのこころの在り方が，第19章の真理への'誠実な信頼／誠意'です。それは宗教的なこころではなく科学的なこころです。つまり科学的なこころであることで絶対的真実（真如）がわかるとのことは，宗教の表現がもっとも実感をもたらすとビオンは知りました。その結果，精神分析場面で私たちがなすことは，K，すなわち'○○について知ろうとすること'ではなく，'対象そのものになること'，すなわち「Oになること」なのです。

　「Oになること」とは，前述したウパニシャドの視点に類似していることは明らかですが，これまでの表現を使うなら，「直感すること」に該当するでしょう。それが，身体での見る・触れる・嗅ぐ・聞くという知

覚の活用に，精神分析家の領域で匹敵するものと言います。精神分析の対象は，アナライザンドの抱く不安や怖れ，怯え，抑うつです。これらは見ることも聞くことも触ることもできません。つまりその把握を感覚器/知覚装置に頼ることができないものです。むしろ知覚器官に頼ってしまうと，誤認していまいやすいのです。

たとえば不安のため，呼吸が浅く頻回になって呼吸困難に陥っている人を内科医は「過呼吸症候群」と診断します。視覚に頼ったために，その本質にある不安に気づけません。同様に不安のために，下痢や便秘，腹痛を起こす人を内科医は聴覚や触覚（病歴聴取や触診）に頼って「過敏性腸症候群」と呼び，腸の動きをレントゲン等で視覚的に確認しようとします。その本質の不安は気づかれません。稀に，直感的に不安に気づく医師がいます。

知覚装置による感覚的現実化，感覚的体験は避けられる必要があります。そこで，知覚器官に頼らないで精神分析の対象がわかることに，see わかる/見る，あるいは sense 感知する/わかるといったように感覚的なものを連想させる意味の陰影をもたない「直感 intuition」ということばをあてたのです。日本語では'直感する'より，'直裁する'という表現の方がことばの陰影が少ないかもしれません。

日本人と水について書かれたある文に次の一節がありました：「人間，何かに悩んだ時，じっと水を見つめればよい。水とわが身がとけ合った時，人間は悩みから解放される」。これはまさに，直裁することであり，Oになることです。このような発想が普通の日本人の日常生活にあるのです。

精神分析臨床においてなぜ直感，もしくは直裁が必要かについて，ビオンは次のように語ってもいます。

「人がいつも話し，いつも音を立てていることを求める文化があります。そのため，考えている人は何もやっていないと受け止められてしまいます。分析家なら，何かを言うようにとの，もしくは何かをするようにとの，あるいは患者に触れるようにとの，さらには，少なくとも自分の考えに耳を傾けておれるときの沈黙にとどまることをやめるようにとのプレッシャーがかかっているとき，自分の直感を大事にし注意を向けておくことができなければなりません。」（ブラジリ

ア 1978)

　ちなみに，直裁するには，予感の一種である'予兆' pre-monition を経験できなければなりません。予兆は，いろいろなものが供給されるのではない禁欲的な'剝奪の雰囲気'が支配的な分析状況において体験される情緒状態です。それは観念を形成していく過程における前概念に対応するものです。予兆は，警戒感と不安感に未飽和の要素（精神分析の要素 1963）が加わっています。すなわち，（不安（ξ））と表記されます。わが国の古い表現では「虫の知らせ」です。私たち自身の知覚によるのではなく，第三の対象あるいは，第三の主体が教えてくれるという体験様式でとらえられます。この予兆がなければ，分析家は正しい解釈することが困難です。そしてそのためには，私たちは統合されていない幾つかの視点を同時に持って，それに向かい合っている――専門用語をあえて使うなら，（後-抑うつ態勢の）'妄想-分裂態勢'――にあることなのです。

2．パッション passion

　「O になること」の動因のひとつは，以前（1963）に分析家のパッション passions――強度と暖かさとともに経験される情動――とビオンが表現しているものかもしれません。パッションは知覚不能であり，K リンクの基底にあるものです。パッションは，こころから抑圧なく出現するものです。この抑圧なく，というところが狭義の逆転移と異なるところなのです。

　ビオンが臨床でこのことを切実に体験したのは，やはり患者の幻覚についてでした。あるものを患者が幻視，幻聴しているとしたとき，分析家は患者が幻覚しているものを知覚することは絶対できません。しかしそれは患者にとって絶対的事実です。そしてそれはそもそも排出された苦痛な何か，不安，怖れといった何かなのです。それを分析家は分析家である以上，わからねばなりません。それは，知覚装置や自分の理論や体験に頼ってもわかりません。それは，わからないことにもちこたえて，直感する/直裁するしかないのです。このもちこたえることの背景にある情動がパッショ

20. 直感，あるいは，O になること　185

表14　精神分析家のこころ

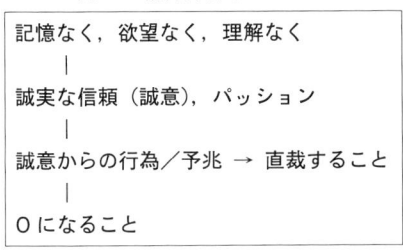

```
記憶なく，欲望なく，理解なく
　　　　　　│
誠実な信頼（誠意），パッション
　　　　　　│
誠意からの行為／予兆 → 直裁すること
　　　　　　│
O になること
```

ンなのでしょう。

　精神分析状況に記憶なく，欲望なく，理解なくとどまり，精神分析過程に誠実な信頼/科学的なこころをもってもちこたえていくことで（選択された）事実を直感/直裁すること，このことを「O になること」とビオンは呼んだのでしょう。

3．O になること

　「O になること」，すなわち O における変形での情緒は，恐怖です。この恐怖をビオンはコールリッジの詩によって描いています。

> 　　さびしい道をただひとり
> 　　びくびくしながら歩く人のように，
> 　　一度は後ろを振り向いても
> 　　二度と首をまわして見ることはない。
> 　　自分のすぐ後ろを恐ろしい悪鬼が
> 　　ついてくることを知っているからだ。
> 　　　　　　（S.T.Coleridge : The Rime of the Ancient Mariner, 第6部）
> 　　　　　　　（対訳コウルリッジ詩集　上島建吉編　岩波文庫　岩波書店）

　この「恐ろしい悪鬼」は，真実の探求とそれへの防衛も表しています。それは迫害として体験されうるのです。

　ビオンによれば O は，究極的な現実，絶対的真実，もの自体，形のない無限・形のない空虚を意味しています。これは順に，科学的表現，ギリ

シャ哲学,西洋近代哲学,ウパニシャッド思想のことばです。別の表現では「それは,善良でも邪悪でもない。それは,知られることも愛されることも憎まれることもできない。それは究極的現実や真実のようなことばによって表現できる。個人にできる最大にして最小のことは,それであることである。それと同一化することは,距離がいくらかあることである」(変形 1965) です。

　OとL・H・Kリンクの関係については,L・H・KはOの代用物であり,近似物にすぎないと言います。それはL・H・Kは結合であるので,Oの変形には適しているのですが,Oそのものには適していないのです。

　しかし私たちの日常語で言うなら,Oになることとは,対象そのものを'悟ること'でしょう。'体感する'という表現もそれかもしれません。つまり,直裁に対象と瞬時一体となることです。ビオン自身が atone-ment (贖い,償い,神(キリスト)との和解,調和,一体) から at-one-ment の状態と表現しています。それは畏敬や畏怖の現実性を受け入れ,個人における贖い/神との一体が不可能であることを受け容れた上でなされうることです。

　たしかにこれは,卓越した神秘家,宗教家,天才の体験様式です。しかし視点を移せば,日常的なことでもあります。母親はたびたびもの想いの中で,赤ん坊の思いそのものになります。それをウィニコットは'母親の没頭'と表現しました。

　幼児期に母親を突然の死で失った重い抑うつを抱えた男性は,彼の気持ちそのものになってくれる女性をこころから求めていました。そしてそうした人物がいないことを限りなく嘆き続けました。おそらくビオンも,このようなアナライザンドに出会ったのでしょう。

　悟りは,悟ろうとして悟れるものではありません。気がついたときに悟っているものです。しかしそれでも無の境地にあることは必要です。ですから,私たちが「記憶なく,欲望なく,理解なく」あるなら,いずれそれに続いて'Oになること'が起こるでしょう。

　どうしても私たちはアナライザンドを,その人が表わすものを理解したくなります。そして理解しようと努め続けます。好奇心であり,パッションです。それを積み重ねながら,次第に齢(よわい)を重ねていきます。

十分な歳になったとき，何かを衝き抜け，向こう側に到達します。そのとき，○になることができるようになるのでしょう。

　でもおそらく，○にならないでもよいのです。ただ，○になったとしたら，それはそれでよいことなのです。

21. 解釈と達成の言語

1. 解　釈

　ここで，精神分析家の方法であることばの使用，すなわち解釈に焦点をあててみましょう。

　第二部でも取り上げました'変形'という概念から見るなら，解釈は変形です。アナライザンドがその人流のやり方で感じ語っている体験があるのですが，そこに存在する不変物を明瞭に示すために，分析家によって解釈という別の形態で表現されるのです。

　精神分析での解釈は，次のように定義できます：解釈は，言語によって表され，簡潔で適切なものであるべきで，患者に自分の無意識的な動機に気づかせる目的を持っている。

　これをビオンにしたがって言い換えると，次のようです：

　　「変形の媒体は会話体の日本語である。分析家の発言は，F1（コンセプトの仮説的定義としての使用）・F3（コンセプトでの表記）・F4（コンセプトでの注意）のカテゴリーに属するべきである。アナライザンドとのリンクはHやLでなく，Kであるべきである。分析家は，大人の用いることば以外によって自己表出すべきではない。」

　さらに精神分析過程での解釈を次のように述べました：

　　「ひとつのセッションの始まりは＜神＞の概念にすでに定式化されている配置をとっている。これからあるパターンが進展し，同時に分析家は，その進展しつつあるパターンと接触を確立しようと努める。これは，彼の＜変形＞に従い，ついに彼の解釈 $Ta\beta$ となる。」（変形 1965）

さらに次のことも付け加えられました：

　「自分の解釈が定式化された思考になるのに，自分の知識や経験，性格がいかに欠かせないかを示しているなら，その解釈は精神分析的に無価値である。」（注意と解釈 1970）

　解釈は分析家のパーソナリティから独立したものである必要があるのです。そうでないのなら，その解釈は分析家のパーソナリティをアナライザンドに組み入れることになり，アナライザンドが自分の考えを創ることを妨げます。あるいは，分析家の解釈は理解されないという形で拒絶されます。
　そしてフロイトに従い，解釈は単にことばの解釈の問題ではなく，「構成」の問題であると言い，この点が，分析家はアーティストであらねばならないところであると言います（ブラジア 1975）。当然ながら（時間，空間，文章等において）何らかの構成を為した上でことばにされる解釈をおこなうには，ある種の美的感性——それは文学，音楽，数学，スポーツ等何であろうとも，センスのよさが求められるのです。私たちはセンスを磨かねばなりません。
　その解釈を私たちがおこなうには，それ以前に準備していなければならないことがあります。それについてビオンは，次のように述べています。

　「あなたがあなたの人生をどんなふうに生きたらよいのかとか，あなたが何を考えねばならないかとか，あなたがどんなことばを話すべきかとかは誰にも教えられません。ですから，個々の分析家は独力で，彼が知っていて，その使い方を知っていて，その価値を彼が知っていることばを努力して作り上げるべきことはまったくの根本なのです。」（証拠 1976）

　ちょうど熟練した職人や技術者が，仕事の道具をまるで自分独自の身体の一部であるかのように絶妙に操り，それによって他の人ではまねのできない，ほとんど芸術作品と言ってよい独自の精巧な品物を作り上げるよう

に，私たちはことばという道具を巧みに扱い，解釈を作り出すことをなす必要があります。それは職人の場合と同じように，練習と工夫の積み重ねだけがもたらしてくれるものでしょう。

2．解釈の実例

「解釈は，簡潔，正確，そして成熟した言語でなされるべきだ」とビオンは言いました。そしてある統合失調症者との間での解釈を例示しています。

> **患者** 顔から皮膚の小さな一片をむしりとったので，まったく空虚だと私は感じています。
> **ビオン** その皮膚の小さな一片はあなたのペニスであり，それをあなたがちぎり取ったので，それと一緒にあなたの内部のものすべてが，出て行ってしまったのです。
> **患者** 私には理解できない・・・ペニス・・・ただの音節。
> **ビオン** あなたは「ペニス」という私のことばを分裂させ，音節にしてしまったので，今はそれには何の意味もないのです。
> **患者** それが何のことなのか，私にはわかりませんが，私は「私が綴れないので，私が考えられない」と言いたいです。
> **ビオン** 音節が今では文字へと分裂されてしまったので，あなたは綴れないのです。つまり，あなたは文字を一緒にして，再びことばにすることができません。だから，あなたはいま考えられないのです。
>
> （「統合失調症の理論についての覚書」1953より）

この例はビオンが精神分析家になってさほど歳月を経ていない，まだ50歳台半ばの頃からのものです。1970年代のビオンはさらに練り上げられた，もっと違った独自の解釈をおそらくしていたでしょう。それは，70年代に各地で開かれたセミナーでの語りに近いものだったのではないかと思われます。「ビオンとの対話」，「臨床セミナー」が参考になるでしょう。
たとえば「臨床セミナー」において，〈カウチを使わない女性のケース

が今日は座っておれそうもないと言った〉というケースプレゼンテーションに次のように言っています。

　私がこの患者に言いそうなことを推測しましょう：

　「ここにはこういった椅子やカウチがあります。なぜなら，あなたがそのどれかを使いたいかもしれないからです。その椅子に座りたいと思うかもしれません。あるいは，あなたが今日おっしゃったように，そこで座っているのに耐えられない気がするのなら，そのカウチに横になりたいかもしれません。あなたが初めて来たとき，そのカウチがここにあったのはそういうわけなのです。そのことを，今日あなたが発見したのはどうしたわけなのだろうかと思います。その椅子に座っていられそうもなくて，横になるか，出て行くしかなさそうなことに今日初めて気がついたのはなぜですか。」

ここには，精神分析は何かを発見するための問いであるとの彼の考えが実践されているようです。
　もうひとつ，例をあげてみましょう。
　あるプレゼンターが〈30歳女性とのセッションを5分早く始めたこと，その女性が（一度彼女にキスし抱擁した）以前の別の精神科医に時間を延長させたことに罪悪感を抱いていること〉を提示しました。
　ビオンは次のように言えるといいます：

　「私が遅く（あるいは，早く，あまりに長く続行し）始めたとあなたは感じていますね。私がスケジュールを正確に守っていない事実に，あなたは動揺していますね。」

続いてプレゼンターはセッションを5分早く始めたことを取り上げ，彼女は気づかなかったと言います。ビオンは「そうですね。私の解釈にあなたは同意されません。私はまだそれが正しいと思っています。間違っているかもしれませんが。おそらく私たちは，その解釈の成り行きを見守ることができましょう」と言いました。

続いてプレゼンターは「その精神科医と起きたことは取り消せないと感じます」と彼女が言ったことを述べます。ビオンは「あなたの知っている事実を知られたら，あなたがどんなタイプの人間かを知られたら，過ちは訂正も修正もされえないとあなたは感じています」と言えると答えています。

ビオンは，事実へのアナライザンドの反応に注目しているようです。ただ，ここではプレゼンターの提示の水準に合わせて彼が答えていることも認識されるべきです。

最後にもうひとつです。彼自身の体験からのエピソードです。

「私のある患者は 50 分間セッションに 45 分遅れてやってきました。彼はカウチに横たわり，ひとつ，ふたつの文章を話しました。『終わりました』と私は言って立ち上がりました。その患者は『これは』と言い，『とっても短いセッションだった』と続けました。」

ついでに彼が次のことを言っていることももう一度示しておきましょう。

「私が疲れていて何が起こっているのかわからなくて，その子が何も私に語ってくれないのなら，同じこと（セミナー参加者の言う'クライニアンの観点を利用する'）をすると思います。実際のところ，この悪循環に陥ったのなら，クライニアン理論やフロイディアン理論やアブラハム派の理論や何かの理論に私は頼るかもしれません。」

つまり，そうでないのなら，解釈は，理論からではなく，そのアナライザンドとの現在の体験に観点を求めて創られるのです。

3．ことばを練り上げる

彼は技法的には解釈のターゲットとして，アナライザンドの投影を敵意（つまり分析家に向けられた生の攻撃性）ととらえるのではなく，絶望的な懸命さとして解釈することを勧めています。敵意の解釈は分析者がコン

テインできないことを伝えるだけだからです。

　解釈の種類は六つほどしかないが，その解釈の細部はすべて異なり，同じ解釈は二つとないと言います。また解釈について次のようにも述べています（再考 1967）。

　　「患者のコミュニケーションと精神分析家の解釈という体験は，ことばに尽せない微妙なものであり本質的なものである。（中略）解釈への患者の反応は，しばしば解釈の言語上の意味より解釈のこうした性質に左右される。」

そして言います。

　　「精神分析状況が正確に直感されるならば，通常の日常用語が驚くほど解釈を定式化するのに適している」，と。しかし，言語というものはひどく誤解を招きやすいものだとのプラトンの指摘をビオンが持ち出すように，もともと「私たちが使わないわけにはいかない言語はひどくあいまい」（LA 1976）なのです。

　そこで私たちに本質的なことは，自分でそのことばを知っており，その使い方を知っていてその価値をよく知っていることばを練り上げることです。そのためには日頃，自分自身の言語を練り上げ，そして使うことばをうまく働いてくれる状態に保つための訓練をしておかねばなりません。このことがなし遂げられていると，私たちが解釈をし，アナライザンドがイントネーションや強調のしかたを微かに変えてそれを繰り返すとき，それはまるで同じ繰り返しのように聞こえるとしても，実際にはそうではないことを発見できる，とビオンは言います。

4．分節化 articulation

　こうして，私たちが私たちの考えを明確に表現できる明瞭なことばをいつでも使えるように準備しておくことは，私たちの仕事の一部なのです。ここには，日ごろの探索と訓練が求められます。

　それは，アナライザンドが凝塊化させてしまった形で語っているものを

分節化させることでもあります（agglomeration → articulation）。分節化——ことばを配列するための原則。凝塊化している考えを一度分化させ，もう一度適切につなぐべきところはつなぐこと——するのですが，それに基づいて選択された事実が得られ，考えの凝塊を，意味ある形につながったひとつのまとまった考えに連結することでもあるのです。

例示してみましょう。ブラッデイという発音は，bloody であるなら，「ちくしょう」というののしり語です。しかしそれは，By our Lady を素早く言った音でもあり，それは対照的に「聖母マリアによる」という神聖な意味を表します（フロイトからの引用 1976 より），ある患者は「'Y 型の階段' Y-shaped stair の一番上に両親がいて……」との夢を語りました。ビオンはそれを Why-shaped stare 'なぜ型の凝視' と理解しました。そして伝えることばを捜しました（証拠 1976）。この分節化によって，直視されている原光景場面が浮かび上がります。

たとえばパーソナリティの精神病部分は，分節化を拒否しており，そのため妄想にみる凝塊化した奇怪な対象群のように，凝塊化した奇怪な発言が認められます。それを変容させるには，私たちがそれを理解し，分節化する能力を備えることなのです。ここで大切なことは，原初的なこころの部分と交流できる洗練されたこころの部分がこの分節化する，はっきりとことばにできる能力を使えることです。

5．達成の言語

この明確に表現できる分節化された明瞭なことばを，ビオンはさらに進展させました。それが '達成の言語' です。なぜなら，大切なことはあなたの解釈を患者が理解できるのかどうかだからです。

「愛によって育まれる考えは母体から発達し，達成の言語において機能する。そこにおいて達成へと変形される」とビオンが述べるように，達成の言語は，'誠意からの行為' から発生する，O を悟る行為，あるいは行為の魁（さきがけ）となる分節化され，ゆえに統合されたことばなのです。それは，欺瞞や言い逃れのためではなく，真実のためのことばであり，'○○について' 知るためのことばではありません。後者は，'代用の言

語'なのです。達成の言語は，感覚可能な経験の領域の用語である時間や空間が欠けている領域で，持続と拡張に相当するものを表現できるものです。

　解釈は，現実について知ることから，現実になることへの移行をさらに進めるものであることが目指されます。達成の言語は，次のようにも述べられています：

> 「あなたに答えがわからないとき，そして，もしあらゆる面接がまったく新鮮なものであるとすれば，まさに望ましい事態なのですが，そのときあなたは新しいことばを見出さねばなりません。」（LA 1976）

　達成の言語は，不確実さ・謎・疑惑の中に留まることができる負の能力が達成されたときに形成される言語です。私たちは精神分析への嫌悪や精神分析の性愛化を経験しつつ，それにもちこたえることによって，達成の言語を獲得し広く使えるようになるのです。

　精神分析に身を置く以上，私たちは自分独自の'達成の言語'を身に付けるよう努める必要があります。

6．達成の言語による解釈

　解釈に話題を戻してみましょう。

　解釈のターゲット，解釈という行為についてビオンは次のように言っています：

> 「分析家やアナライザンドについて語ることが大切なのではありません。その二人の間にあることについて話すことが重要なのです」，「私の解釈は，患者がどういう人間であるかということよりも，私がどういう人間であるかについて，ずっと多く彼に伝えているでしょう。解釈には，彼についてを，彼に伝えてもらいたいものです。けれども，たとえ私の言うことが正しいと彼が思ったとしても，私がそう語ったとの事実は，私のことについての事実を彼に伝えます。」（LA 1976）

続けて言います：

　「あなたは，あなたが存在しているということ，そして名前や住所があるということを知らせておかねばなりません。あなたがどういう人であるのか，どんな種類の人物であるのかは，アナライザンドが自分で自由に作り上げてよい種類の見解なのです。分析家がアナライザンドに自由連想の意味を照らし返すために提示している，望ましくはそれほど歪んでいない鏡によって，アナライザンドは自分がどういう人間であるかを推定できるでしょう。分析家は実際には，患者がどういう人間であるのかを彼に語りません。しかし分析家がアナライザンドの前に差し出し続けようとする鏡によって，アナライザンドが自分の意見を形成できるようにします。分析家が患者に，彼の性格がどうであるのかを伝えることができると考えるのは誤りです。そのようないかなる試みも，ただ単に鏡の歪みになるだけでしょう。私は，分析家がどんなパーソナリティであるかという事実と，真実を語ろうとすることは両立すると思います。」(LA 1976)

　そこにおいて，達成の言語による解釈は，患者が自分の一部を「知ること」Kを可能にするだけではなく，その人「である」もしくはその人「になる」Oを含むものです。それによって患者は投影し排除していた自分の一部――たとえば「気を狂わせる」，「殺す」，あるいは「責任を持つ」自己部分――をみずからに取り戻すのです。ですから，それは両者にとってとびっきり怖いことでもあるのです。

　そのため，解釈をするための条件が完全になるのは，分析家が（狭義の逆転移ではない）自分の中の抵抗（原‐抵抗）――解釈をするとき分析家がアナライザンドに予測する反応への抵抗――に気づくときなのです。これはストレイチーが彼の「精神分析の治療作用の本質」論文（1934）において，クラインのことばを引用し，「解釈を与えるに際して，分析家には克服されるべき極めて特別な困難さがあるはずだ」と述べているところに類似しています。

　そして，正しい解釈は，それにただちに抑うつの感覚が続くことによって，それをなし遂げたとの感覚が気づかれるのです。その解釈の過程で，

忍耐 Ps と安心 D の振幅が経験されます。分析の進展をもたらす有効な解釈では必然的に，分析家とアナライザンドがともに，分離と喪失にかかわる悲しみを感じるのです。ただし，付け加えられるべきことがあります。そのためには，「けれども正しい解釈は，患者の理解できる範囲内であらねばなりません。」（ブラジリア 1975）

しかし同時に，1975 年のビオンが次のように述べていることも忘れてはなりません。

「私と同じ程度の期間をあなたが分析を実践してきたのなら，あなたは不適切な解釈で思い悩まないでしょう。私は他の類いの解釈をしたことがありません。それが人生です。精神分析的絵空事ではないのです。正確で適切な解釈をする分析家が存在すると信じるのは，部分的には精神分析の神話です。」

22. 神秘家（The Mystic）

1. 破局と神秘家

　前章で述べましたように，ビオンは科学的な視点に加えて，真実の理解に直観や悟りを活用する宗教的視点の有用性に目を向けたことから，あらためてその能力を保持する「例外的な個人」──その人を'神秘家'とビオンは総称しますが──（科学者を含む）天才，救世主を含めた神秘家にも目を向けるようになりました。これらの人たちは，絶対的現実／もの自体（O）には接近できないという一般的な確信に拘束されていません。変形の産物である通常の言語・芸術の媒体を通して自分自身を表出するのではなく，O そのものになるのです。そしてその結果，破局的変化を引き起こすまったく新しい考えや発見をもたらします。

　ビオンが精神分析家に必要な能力と考えるに至った'O になること'を普通に為す人たち，すなわち，日常的に対象を直截的にわかる人たちの存在とは何なのか，に彼は目を向けたのです。彼が出会った神秘家に属する人のひとりは，群集本能を提唱した卓越した外科医ウィルフレッド・トロッターであったろうと思われます。20 代後半の医学生のときに彼はトロッターに出会いました。

　新しい考えや発見によって既成のものを破壊するため，神秘家，神秘主義者，天才は創造的な存在とみなされることもあれば，破壊的で邪悪な存在とも見なされます。'創造的な'神秘家は，自分の集団を支配する〈体制〉の慣習に服従するか，それを実現すると表明する一方，もうひとつの神秘的なニヒリストは自分の創造物を破壊するように見えます（注意と解釈 1970）。

2．個人の中の集団と支配者 vs 神秘家

　神秘家という人物とその考えに，集団が対処する方法はふたつです。集団はこの例外的な個人を必要としていると同時に，集団の同一性と凝集性を保つ必要がありますから，破壊力を持つ神秘的ニヒリズムを持つ人物を「埋葬するか，理想化する」（LA 1976）のです。
　なぜなら，集団におけるコンテイナーである'支配者層'とそのコンテインドの一員である'神秘家'との間の緊張は避けられないからです。この緊張は個人の中の，精神分析といった考えと，それをコンテインしようとする（言語的，映像的，芸術的）陳述との間の関係にも見出されます。臨床での「改善」は，個人の中の神秘的な性質の否定かもしれないのです（この逆は，深刻な精神障害を天才の証拠とみることであると言います《再考1967》）。
　私たちのパーソナリティは，幾つもの自己と対象からなるひとつの集団と見ることができます。それは成長過程である種の調和をなし遂げています。ひとつの視点，世界観（支配者）を確立しています。それはもし分裂した世界観をもつなら，そこから混乱が波及し，精神病といわれる事態に発展してしまうからです。それは，私たちのふたつの目が（たとえば，左右どちらかの視神経系統に異常が発生したために）まったく違うところを見るようになるのなら，それによって視覚対象の脳内での同定が混乱させられることと同じです。ですからこのようなとき，脳は片目の視覚機能を落として片方の視点だけで見るようにするのです。パーソナリティも同様のことをするでしょう。パーソナリティという集団（およびその支配者）にとって，洞察された新しい視点という神秘家の出現は，パーソナリティを滅ぼすか，それとも成長させるのかというその境目にその人を立たせるのです。
　不潔恐怖と洗滌強迫に苦しむある強迫男性は，悪い対象と直に出会うと破局に陥り破滅してしまうという恐怖に圧倒されていました。しかし分析過程において彼は徐々に，その対象や怖れが何なのかを見つめられるようになってきました。彼はほとんど悪い対象と向かいあう寸前まで行くこと

ができるようになりました。恐怖・強迫症状は「改善」されました。しかし既成の考えをもつ彼のパーソナリティ/集団を'悪い対象を怖れなくてもよい'という新しい考え/彼の内の神秘家の考えが突破することはできませんでした。両者は平衡状態を作りました。この状況が変化するにはもうひとつの破局的洞察，すなわち，'悪い対象とは悪い自己の投影であった'という気づき/神秘家の新しい考えが必要だったのでした。

3．神秘家と集団

　視点を少し移し，神秘家と集団の関係性というところから見ますと，それはすでに述べたコンテインドとコンテイナーの関係にあてはまります。つまり，両者が共存し，それぞれの存在は互いにとって害のない共存的関係がそのひとつです。たとえば，フロイトと国際精神分析学会です（これはビオンの引用例です）。もうひとつは，共生的関係で，両者の間に対立があり，しかしその結果は成長を生みます。この例は，クラインと国際精神分析社会です。残りのひとつは，かかわりあう両者を破壊する何かを生み出す寄生的関係です。そこには，羨望が作動します。そのため，友好的関係さえ致死的で，集団が個人を〈体制〉の中のある地位へと昇格させ，それによって彼のエネルギーは創造的・破壊的役割からそらされて管理的な機能に吸収されます。すなわち，「彼は名誉の重みで跡形もなく沈んだ」（注意と解釈 1970）のでした。集団が神秘家を爆発的でないものにすることへの誘惑なのです。

　これは英国精神分析協会，あるいは英国クライン・グループでビオンが体験していたことです。彼はロンドンにおいて，英国精神分析協会の，とくにクライン亡き跡のクライン・グループというコンテイナーにおける救世主に見られ始めました。英国精神分析協会会長，クライントラスト委員長という役職に'昇格'させられます。彼は自分に向けられたその神秘家的理想化を嫌い，米国西海岸に渡ったのです。しかしそこでも同じ傾向が始まりました。それは，ビオン自身が，精神分析に（これまで私が著述してきたような）破局的変化を持ち込んだのですから，やむを得ないことでもありました。しかしそれでも彼は，彼の分身のように人が変容していく

のを好みませんでした。そしてそれに彼は葛藤し続けました。なぜなら彼は宗教家や神秘家ではなく，精神分析家であったからです。

　私には彼が葛藤し続けたところが，彼が真の神秘家でありえたところを示唆しているように思えます。というのは，歴史上に見る神秘家にあたる人たちは皆葛藤しているからです。ソクラテス，コペルニクス，ダーウィン，フロイト，マルクスしかりです。

　私たちのこころにかかわる世界にも**天才や神秘家のように**ふるまって，取り巻く人たちを魅了し続けようとする人をみることがあります。しかし私の知るところ，その人たちはちょうど新興宗教の教祖のように，自分が高みに置かれる状況を楽しみ受益しており，それを維持しようと腐心することはあっても，みずからの事態に悩みぬくことをしていないようなのです。それはすなわち，内的破局に直面していないことであり，その人たちには，新しい視点を持ち出す内なる真の神秘家/天才は存在していないことを表しています。ですからそれらの**神秘家もどき**の人たちにかかわる人たちは，その関係が寄生的なものであることを認識しないままにその関係に浸かり真似し，結果としてこころの栄養失調に陥ります。彼らは自分自身を創造できず，表向きが神秘家もどきそっくりになるだけです。

　いずれにしても，集団の機能は，神秘家を生むことであり，そして〈体制〉の機能は，集団が破壊されないようにその帰結を取り上げ吸収することなのです（1970）。

4．精神分析家，あるいは神秘家

破局的変化の提示者としてのビオンは言います。

　「原子物理学者マックス・プランクの回顧録でのメランコリックな箇所で，同時代人には何も教えられないことを発見した，と彼は語っています。進歩は彼らが何かを学ぶことにはありません。起こることは，彼らが死に，もっと若い人たちが現れてくることです。彼のこの悲しい発見は，分析家なら必ず自覚されておかれねばならないものです。」（リオデジャネイロ 1974）

一方，精神分析家としてのビオンは言います。

　「私たちの中に患者を失うことを好むものはいません。どんな過ちを犯してしまったのかと私たちはいつも思い巡らします。私たちがどんな過ちを犯してしまったのかを知ることはとても役立つことです。しかし，この世に事故は起きていますし，ふつうの人間は間違えてしまうことも覚えておいてよいことです。私たちは神になる必要はありません。私たちは私たちがなれないものになる必要はないのです。間違いから逃れることが私たちの特権なのではありません。」

精神分析は私たちを，万能の世界の住民にならないかと誘います。あるいは神秘家のように，教祖のようにふるまわないかと誘います。ライヒやマサッド・カーンのように，その誘惑にすっかり乗ってしまった精神分析家も少なくありません。しかしほとんどの精神分析家は，万能と無力の挟間を葛藤し，苦悩し続けるのです。ですから，私たちは意識して神秘家や救世主，天才について考えることが大切なのです。

終章　ビオンに学べないこと

　私はビオンが教えてくれたことの中でもっとも大切なことは，まず第一に，自分自身の考えを持つことであると思います。
　それはビオンの考えをマスターして，ビオンのようになることでもなければ，フロイトやクラインの考えにただ忠実に従うことではありません。そうなってしまうことは，神秘家や宗教家に従う弟子や信者のようなものです。'ようになる' だけなのです。'ようになる' ことと'である' ことはまったく違っています。私たちがみずからに備えているオリジナルな在り方，もともとの資質を生かし続けることが，私たちであることなのです。
　ビオンは精神分析体験とそれにかかわる自己を，彼の関心の中心に置き続けました。それをわかろうとし，精神分析理論，科学的方法論，医学，数学，西洋哲学，キリスト教神学，芸術論，ウパニシャッド哲学など利用できる考えは何でも使いました。しかしそれらはあくまで精神分析体験という主人の従者でした。精神分析体験を自分の考えでとらえるしかないのです。
　私たちは，フロイトやビオンと二者関係にあることにとどまるのではなく，第三の立場をみずからの内に確立する必要があります。ですからビオンを文字通りに追うことは，ビオンから学ぶことをほんとうには為していないのではないでしょうか。私たちは，ビオンに習うことより，対話することが必要でしょう。
　私たちが精神分析臨床で出会う人たちは，自分が，あるいは自分の考えがわからなくなっている人たちです。その人たちに出会う私たちが自分の考えではなく，フロイトやクラインやビオンからの借り物の考えだけによって彼らと接しているのなら，私たちは私たちの借り物を彼らに又貸しするだけで，それはちょっと見に新しい衣装を貸すだけにすぎません。私たちに個人分析/訓練分析が求められるのは，そうならないためなのです。し

かし個人分析で自分の分析家の衣装を借りるだけになってしまう人たちがいることも確かなことです。それでも私たちは，個人分析を含めたあらゆる機会に自分の考えを創り，持つようにする必要があるのです。

　ビオンは自分自身であることに努めたひとでした。その姿はとても魅力的です。そうあるゆえに，私たちはビオンのようにならないことに努めなければなりません。私たちはビオンが指し示しているところだけを見てはなりません。もっと大切なことは，そのときのビオンの視点を見ることなのです。それは，ビオンが暗に示してはいても明言しないことです。なぜなら，彼にとっては当たり前すぎることだからです。

　たしかに学ぶことは，習うこと（倣うこと），まねることから始まります。しかし「守・破・離」という経験的教えにあるように，それまでいかに限りない尊い学びを得たものであったとしても，いずれ手本は破棄されねばなりません。そして自分で道を拓かねばならないのです。なぜなら私たちはアナライザンドに自分の道を拓くことを求めているのですから，私たち自身がそれなしにすませることはできないでしょう。ですから私たちは，とてもビオンらしくなって，それからビオンでないようになるべきなのです。いずれ役に立たないビオンに出会わなければなりません。

　ここにビオンによる第二の教えがあります。すなわち自分の考えを創りつつ，それを壊すこと，その破局に出会えることを受け容れることです。そしてこれもまた，ビオンに学ぶというより私たち自身で切り開かねばならない地平です。そしてそれはまたビオンによる第三の教え，対象そのものと真に出会うことが私たちに体験させてくれることです。松尾芭蕉が語ったことばがあります：

　　「松のことは松に習え，竹のことは竹に習え」と。

　いずれにしても精神分析臨床での私たちの出発点は，次のところにあります。

　　「精神分析は，わからないことを人に教える方法ではありません。精神分析は，何かを発見するためのさらなる問いなのです」（ブラジル 1975）

私たちはまず，問うのです。

おわりに——もうひとつの猫の物語

　うずらが我が家の飼い猫になっていく過程には，実はそれに重なるひとつの不幸がありました。

　それは，ミイのことです。うずらがやせて怯えたかわいそうな野良の子猫で，加えて腕の骨を折っているという複数の不幸を抱えていたため，私たち家族の関心はどうしてもうずらに集まりました。それは12年を越えて，我が家の唯一の飼い猫としてのどかな日々を過ごしていたミイには，突然に降って湧いたような愛情剥奪の体験となったようでした。

　ミイもやはり捨てられていた三毛の子猫でした。上の娘が小学5年生のとき，同級生が捨てられていたちっちゃな子猫のミイを拾って，誰か貰ってくれる人はいないかとクラスに持ち込んだのです。その日の夜，娘が誰も貰い手がなかったときには家でこの猫を飼ってよいかと私に尋ねてきました。その頃は我が家には人間以外の棲み手はなかったので，'まあ，いいか'と私は考え，「いいよ」と答えました。

　そして結局貰い手がいないということで，極短い期間の小学校生活を終え，ミイは我が家で暮らすことになりました。捨て猫とは言え，もともと飼い猫の子どもだったのでしょう。とても人懐っこい猫で，すぐに家族に溶け込みました。我が家に来て2, 3カ月後に寄生虫病のためかなり衰弱したことがありましたが，獣医のよい見立てで快復し，その後は健康で体格も小型のスマートな猫に育ちました。その成長過程で，当時は3, 4歳だった下の娘にはつかまえられて，さんざん振り回されてはいましたが。

　実はミイの本名は，"ミルキー"なのです。この名前は，拾った子によって小学校にいた短い間にすでに付けられていたものです。しかし，やや黒毛が優勢な黒，茶，白の混ざった三毛の猫を，真っ白をイメージするミルキーとは'誤った概念'，'過大評価された考え'に思われ，どうにも呼び難いので，略称のミイを我が家での呼称にしたのでした。

突然の子猫うずらの闖入とそのため家族の注目を失い傷ついているミイの様子に，私たちは十分気づいていませんでした。こんなときこそ前から住んでいるミイをかわいがってやる必要があるという知識を持っていませんでした。
　しだいに我が家に慣れてきたうずらがミイに寄っていっても，ミイはまったくそしらぬ顔をしていました。それでもうずらが寄っていくと，ミイはうずらをフーッと威嚇し，決して寄せつけませんでした。突然入り込んできた闖入者を許せなかったのでしょう。もともとミイはおとなしくてとても人懐こい猫で，玄関にまったく見知らぬ人が来てもわざわざ歩み寄って擦り寄っていくような，ひとの中に生きている猫なので，この体験はなおさらつらいものだったのでしょう。
　こうした日が続き，ミイはからだを噛んで毛を抜き始めました。固まった毛が落ちており，私たちもミイにとってのことの大きさ，ミイのこころの繊細さに気がつき，皆で心掛けてかわいがる様にしましたが，遅かったのです。
　ある日，ミイは片方の後ろ足を引きずって歩き始め，そこに触るとピリッときたかのようにギャと鳴いて怒り不快がりました。とても痛々しい様子でした。ちょっと，「ビーバップ・ア・ルーラ」を唄うロカビリーのジーン・ビンセントを連想させましたが……。
　ともかく，これはいかんということで，家人が獣医に連れて行ったところ，事情を知る名医によって，ただちに診断が下りました。「神経性リウマチ」です。
　ああ，これはなんと懐かしい病名でしょう。その昔，心身症のひとつとして挙げられていたこともある由緒ある，しかし今では人に付けることはない病名です。ミイの病気は要するに，精神医学の立場からは「転換ヒステリー」と呼べるものと考えられます。
　私は考えました。そうであるなら，ミイは象徴機能を使えるということなのだろうか。象徴を活用した思索がいくらかできるのだろうか，と。脚の痛みに転換されているのは，愛情喪失の抑うつ的なこころの痛み，悲哀であるのでしょうか。そういえばミイは家族の行動をちゃんと観察していて，誰が教えたわけでもないのに，ポンと飛び上がってドアの取っ手にう

まく体重をかけて，閉まっているドアを開けて移室できるようになっていますし，とみに最近生活が何か人間ぽくなっていたようでもありました。また，ミイが夢をみることがあるのは，これまでの観察から間違いのないところです。ミイは，グリッドのB行水準（アルファ要素）の思考はとうに超えて，C行水準（夢思考・夢・神話），もしくはD行水準（前概念）までの思考の発達をなし遂げているのではなかろうか等，私は考えていました。

ところで，原題を『いかに神経症的なねことともに生きるか』としている翻訳書に次の文句があります。「猫の精神分析医のために無用なお金を使わないこと。飼い主は，自分自身の精神分析に大金が必要になるだろうから。猫が抱く罪の意識を分析したりするのは時間のむだである。猫には罪の意識など皆無である」，と。ミイとの私の経験は，そうかもしれないが，ちがうかもしれないと言わせます。

しかし下の娘は私ほど悠長ではありません。

「もう，おばあちゃんなんだから，かわいそう。ミイを大事にせんといかんとよ」と博多弁で言って，これから自分がミイの世話をすると言い出しました。二階の自室にミイのえさトレイとトイレを持ち込み，ミイと一緒に寝ることにしました。二階はミイの専住区域と家族で認定し，うずらを二階には上がらせないようにしていくことにしました。

こうしてミイの待遇は大幅に改善され，私たちのかかわりも増えました。やがてミイが毛を噛んだり，脚を痛がって引きずることはなくなりましたが，顔の曇りは晴れませんでした。ミイは急に年老いた感じで，寝ていることが増え，活動量が著しく減りました。しかし，もうしばらくは私たちと過ごしてくれそうです。

いろいろ言っても，ミイは我が家の功労者，いや，大いなる功労猫であると私は思っています。今は家を離れている子どもたちを合わせた五人家族からなる家庭の和に何よりも貢献してくれたのです。

この本を書いているときも，ミイは私の膝の上や机の上で寝ていました。ときには机の上を悠々と歩いて，パソコンのキーボードを踏み歩き，なななななななななななななななななという字を書き込んだり，あれよという間に電源スイッチを踏んでパソコンを消してしまうこともしま

した。あるときは，ミイの歩行後，文字変換ができなくなってしまい，私の手におえず，古賀靖彦先生に電話で相談して解決したこともありました。しかしこうしたミイの負の協力もあって，ようやく本書が完成したのです。

*

　ビオンは，1979年米国を去る直前，同僚の分析家メイソンを訪ね，しなやかに頬の髭をなでている猫を見ながら，「ネズミを捕まえ，管理に手のかからない機械をもし誰かが作ったとしたら，大変なお金がかかるだろうね」と言いました。メイソンは，命の掛け替えのない貴重さとそれを機械で代用することの虚しさをビオンが語っていると思いました。ビオンはよく使われる「改良されて新しくなった」という表現を面白がっていました。
　またある講演で，医学生の頃に出会っていた黒猫を通してメラニー・クラインを語りました。
「私が医学生だった頃，小さな黒猫が病院の前庭にいつも同じ時間に現れたものでした。その猫は「うんちをし」，それをきれいに隠した上で，歩き去ったものでした。その猫は，'メラニー・クライン'として知られていました。'メラニー'というのは，その猫が黒かったからでした。'クライン'というのは，小さかったからでした。
　そして，'メラニー・クライン'とは，なぜなら，その猫がどんな抑制もしなかったからでした」（ビオン「フロイトからの引用について」1976年　おせっかいな註：原語でメラニンは'黒'，クラインは'小さい'の意味です）。
　さて，おわりにたどり着いた私は，ミイを通して誰を語ればよいのでしょうか。

付録1　ビオンの人生史

1897年9月8日	インド，パンジャブ地方で生まれる
0-8歳	インドにて過ごす。三歳下に妹 Edna 8歳にて英国本土のパブリックスクール（私立寄宿性学校）Bishop's Stortford College に入る
19-21歳	英国軍戦車部隊（第一次世界大戦）　武勲に英国と仏国の勲章をもらう
22-24歳	オックスフォード大学クイーンズカレッジにて歴史，哲学を学ぶ
25-26歳	母校のパブリックスクールの教師となるも性的誘惑を疑われ，退職
27-33歳	ユニバーシティ・カレッジ病院（ロンドン）にて医学を学ぶ 外科医ウィルフレッド・トロッターとの出会い　外科で金メダル
36-51歳	タビストック・クリニック勤務　のちに所長（1945-46） サミュエル・ベケットの心理療法をおこなう（1934-35） ジョン・リックマンの分析を受ける（1937-39）　第二次大戦のため中断
43歳	ベティ・ジャーデンと結婚（1940） 1943年ベティ初産にて女児 Perthenope を産むも死去 ビオンは戦争で仏に滞在中
48-56歳	メラニー・クラインの分析を受ける
51歳	英国精神分析協会　精神分析家資格取得　個人開業
54歳	フランチェスカと結婚　のちに一男一女を設ける
59-65歳	英国精神分析協会ロンドン精神分析クリニック所長
65-68歳	英国精神分析協会会長
68-70歳	協会　訓練委員会委員，出版委員会委員長，クライン・トラスト委員長
70歳	米国西海岸へ移住　求められて南米，米国内，ヨーロッパでセミナー
82歳	英国オックスフォードに戻る（1979年9月） 1979年11月8日急性骨髄性白血病のため永眠

付録2. ビオンの業績

全著作

1940　The War of Nerves. In The Neuroses in War, edited by Emanuel Miller and H. Crichton- Miller (London: Macmillan & Co. Ltd.)

1943　Intra-group Tensions in Therapy: Their Study as the Task of the Group. The Lancet (27 November).

1946　 The Leaderless Group Project. Bulletin of the Menninger Clinic, 10 (May).

1948　Psychiatry at a Time of Crisis. British Journal of Medical Psychology, 21.

1948-1951　 Experiences in groups, Vols.1-4 (Human Relations. Subsequently London: Tavistock Publications Ltd., 1961) 邦訳＊1.

1950　The Imaginary Twin. Presented to The British Psycho-Analytic Society (November) 【Bion's membership paper】International Journal of Psycho-Analysis (1955) Also in Second Thoughts【see 1967below】. 邦訳＊6

1952　Group Dynamics: A Re-view. International Journal of Psycho-Analysis 33. Also in New Directions in Psycho-Analysis (London: Tavistock Publications Ltd., 1955) and in Experiences in Groups (London: Tavistock Publications Ltd., 1961) 邦訳＊1

1953　Notes on the Theory of Schizophrenia. Presented at the Eighteenth International Psycho-Analytic Congress. International Journal of Psycho-Analysis, 35 (1954). Also in Second Thoughts【see 1967 below】. 邦訳＊6

1956　Development of Schizophrenic Thought. International Journal of Psycho-Analysis, 37 (1956). Also in Second Thoughts【see 1967 below】. 邦訳＊6

1957　Differentiation of the Psychotic from the Non-psychotic Personalities. International Journal of Psycho-Analysis,38 (1957). Also in Second Thoughts【see 1967 below】. 邦訳＊6／＊5 ①.

1957　On Arrogance. Presented at the Twentieth International Psycho-Analytic Congress, Paris. International Journal of Psycho-Analysis,39 (1958). Also in Second Thoughts【see 1967 below】. 邦訳＊6

1958　On Hallucination. International Journal of Psycho-Analysis, 39. Also in Second Thoughts【see 1967 below】. 邦訳＊6

1959　Attacks on Linking. International Journal of Psycho-Analysis,40. Also in Second Thoughts【see 1967 below】. 邦訳＊6／＊5 ①

1962　A Theory of Thinking. International Journal of Psycho-Analysis,53. Also in Second Thoughts【see 1967 below】. 邦訳＊6／＊5 ②

1962　Learning from Experience (William Heinemann, Medical Book; reprinted London: Karnac Books, 1984). Also in Seven Servants【see 1977 below】. 邦訳＊2

1963　Elements of Psycho-Analysis (William Heinemann, Medical Books; reprinted London: Karnac Books, 1984). Also in Seven Servants【see 1977 below】. 邦訳＊2

1965　Transformations (William Heinemann, Medical Books: reprinted London: Karnac

Books,1984). Also in Seven Servants 【see 1977 below】. 邦訳＊2
1966 Catastrophic Change. Bulletin No. 5, British Psycho-Analytic Society. Also in Attention and Interpretation (chapter 12)【see 1970 below】. 邦訳＊2
1967 Second Thoughts (William Heinemann, Medical Books; reprinted London: Karnac Books, 1984)【contains the papers indicated above, together with a Commentary】. 邦訳＊6.
1967 Notes on Memory and Desire. The Psychoanalytic Forum,2, No.3 (Los Angeles, California). Also in Cogitations (new extended edition)【see 1992 below】. 邦訳＊5 ③
1970 Attention and Interpretation (London: Tavistock Publications; reprinted London: Karnac Books, 1984). Also in Seven Servants【see 1977 below】. 邦訳＊2
1973 Brazilian Lectures, 1 (Rio de Janeiro, Brazil: Imago Editora). Also in Brazilian Lectures【see 1990 below】.
1974 Brazilian Lectures, 2 (Lio de Janeiro, Brazil: Imago Editora). Also in Brazilian Lectures【see 1990 below】.
1975 A Memoir of the Future, Book One: The Dream (Rio de Janeiro, Brazil: Imago Editora). Also in A Memoir of the Future【see 1990 below】.
1976 Emotional Turbulence. Paper given at the International Conference on Borderline Disorders, Topeka, Kansas (March). Published in the book of the conference (New York: International Universities Press Inc.,1977). Also in Clinical Seminars and Four Papers【see 1987 below】. 邦訳＊3.
1976 On a Quotation from Freud. Paper given at the International Conference on Borderline Disorders, Topeka, Kansas (March). Published in the book of the conference (New York: International Universities Press, Inc., 1977). Also in Clinical Seminars and Four Papers【see 1987 below】. 邦訳＊3.
1976 Evidence. Bulletin 8, British Psycho-Analytic Society. Also in Clinical Seminars and Four Papers【see 1987 below】. 邦訳＊3
1976 Interview with Anthony G. Banet. Published in The International Journal for Group Facilitators: Group and Organaization Studies,2 (3).
1977 Seven Servants (New York: Jason Aronson, Inc.)【contains the four books indicated above】. 邦訳＊2.
1977 A Memoir of the Future,Book Two: The Past Presented (Rio de Janeiro, Brazil: Imago Editora).Also in A Memoir of the Future【see 1990 below】.
1977 Two Papers: The Grid and Caesura【originally presented as talks to the Los Angeles Psycho-Analytic Society, in 1971 and 1975,respectively】 (Rio de Janeiro, Brazil: Imago Editora).【New edition, London: Karnac Books,1989】.
1978 Four Discussions with W. R. Bion (Strathclyde: Clunie Press). Also in Clinical Seminars and Other Works【see 1994 below】. 邦訳＊3
1979 A Memoir of the Future, Book Three: The Dawn of Oblivion (Strathclyde: Clunie Press). Also in A Memoir of the Future【see 1990 below】.
1979 Making the Best of a Bad Job. Bulletin, British Psycho-Analytic Society (February). Also in Clinical Seminars and Four Papers【see 1987 below】. 邦訳＊3
1980 Bion in New York and Sao Paulo (Strathclyde: Clunie Press).
1981 A Key to a Memoir of the Future (Strathclyde: Clunie Press). Also In A Memoir of the Future【see 1990 below】.
1982 The Long Week-End 1897-1919 (Oxford: Fleetwood Press).
1985 All My Sins Remembered and The Other Side of Cenius (Oxford: Fleetwood Press).

1986　Seminari Italiani (Rome: Borla)【published in Italian only】.
1987　Clinical Seminars and Four Papers (Oxford: Fleetwood Press). Also in Clinical Seminars and Other Works【see 1994 below】. 邦訳＊3／＊4
1990　Brazilian Lectures (London: Karnac Books, 1990)【a new one-volume edition of the two books listed above】.
1990　A Memoir of the Future (London: Karnac Books)【a new one-volume edition of the four booka listed above】.
1992　Cogitations (London: Karnac Books).【New extended edition, London: Karnac Books,1994】.
1994　Clinical Seminars and Other Works (London: Karnac Books)【a new one-volume edition of the two books listed above】. 邦訳＊3／＊4
1997　Taming Wild Thoughts. London: Karnac Books.
1997　War Memoirs 1917-19. London: Karnac Books.
2005　The Italian Seminars. London: Karnac Books.
2005　The Tavistock Seminars. London: Karnac Books

邦訳著作　＊番号は，上述の原著に記している
＊1.　集団療法の基礎 池田数好訳 岩崎学術出版社 1973
　　　グループ・アプローチ 対馬忠訳 サイマル出版会 1973（訳本に二種有り）
＊2.　精神分析の方法 Ⅰ，Ⅱ 福本修・平井正三訳 法政大学出版局 1999
＊3.　ビオンとの対話——そして最後の四つの論文 祖父江典人訳 金剛出版 1998
＊4.　ビオンの臨床セミナー 祖父江典人・松木邦裕訳 金剛出版 2000
＊5.　メラニー・クライン トゥデイ ① ② ③ 義村勝・白峰克彦・中川慎一郎訳 岩崎学術出版社 1993 2000
＊6.　再考：精神病の精神分析論 中川慎一郎訳 金剛出版 2007

付録3. ビオン関連書

紹介書
ビオン入門　L,グリンベルグ他著　高橋哲郎訳　岩崎学術出版社 1977
ビオン臨床入門　J&N,シミントン著　森茂起訳　金剛出版 2003
ビオンへの道標　ハフシ・メッド著　ナカニシヤ出版 2003
クラインとビオンの臨床講義　R,アンダーソン編　小此木啓吾監訳　岩崎学術出版社 1992
クリニカル・クライン　R.D,ヒンシェルウッド著　福本修・木部則雄・平井正三訳　誠信書房 1999
現代クライン派入門　C,ブロンスタイン編　福本修・平井正三監訳　岩崎学術出版社 2005
対象関係論を学ぶ　松木邦裕著　岩崎学術出版社 1996
患者から学ぶ　P,ケースメント　岩崎学術出版社 1991

ビオン事典
The Dictionary of the Work of W.R.Bion Lopez–Corvo,R.E. Karnac Books 2003
The Language of Bion P.C.Sandler Karnac Books 2005

引用文献（前頁のビオン自身の文献や著作は除く）

Baker,S. 1985: How to live with a Neurotic Cat. Warner Books 野中邦子訳 わがままな猫と暮らす方法 飛鳥新社 1995

Bick,E. 1968: The Experience of the Skin in Early Object Relations. Int, J. Psycho-Anal., 49; 484-486 古賀靖彦訳 早期対象関係における皮膚の体験 松木邦裕監訳 メラニー・クライン トゥデイ② 岩崎学術出版社 1993

Bollas,C. 1987: The Shadow of the Object: Psychoanalysis of the Unthought Known. Free Association Books. London

Britton,R. 1998: Belief and Imagination: Explorations in Psychoanalysis. Routledge London 古賀靖彦訳 信念と想像 金剛出版 2002

Britton,R and Steiner,J. 1994: Interpretation: Selected Fact or Overvalued Idea? Int.,J. Psycho-Anal.,75, 1069-1078

Caper,R. 1997: A Theory of the Container. In A Mind of One's Own. Routledge, London, 1999

Casement,P. 1985: On Learning from the Patient. Tavistock. London 松木邦裕訳 患者から学ぶ 岩崎学術出版社 1991

Casement,P. 2002: Learning from Our Mistakes. Routledge London 松木邦裕監訳 あやまちから学ぶ 岩崎学術出版社 2004

Casement,P. 2006: Learning from Life. Routledge. London 山田信訳 岩崎学術出版社 近刊

Cortart,N. 1992: Slouching Towards Bethlehem‥‥.And Further Paychoanalytic Explorations. Free Association Books. London.

Freud,S. 1911: 精神現象の二原則に関する定式 井村恒郎訳 フロイト著作集6 人文書院 1970

Freud,S. 1916-1917: 精神分析入門 懸田克躬・高橋義孝訳 フロイト著作集1 人文書院 1971

藤山直樹 2008: ビオンについてパーソナルに考える 精神分析研究 52 (2), 136-141

Garland, C. 2002: Issues in Treatment: A Case of Rape. In Garland, C. (Ed): Understanding Trauma. Karnac. London

Hafsi, M. 2003: ビオンへの道標 ナカニシヤ出版

平井正三 2008: ビオンに学ぶ分析臨床——何をどのように学んだか 精神分析研究 52 (2), 121-127, 2008

細澤仁 2008: 解離性障害の治療技法 みすず書房

井筒俊彦 1991: 意識と本質 岩波文庫

Joseph, B. 1988: Psychic Equilibrium and Psychic Change. Routledge London 小川豊昭訳 心的平衡と心的変化 岩崎学術出版社 2005

Klein, M. 1946: Notes on Some Schizoid Mechanisms. The Writings of Melanie Klein, vol.3, 1-24, Hogarth Press. London 分裂的機制についての覚書 狩野力八郎・渡辺明子・相田信男訳 メラニー・クライン著作集3. 誠信書房 1985

Klein, M. 1957: Envy and Gratitude. The Writings of Melanie Klein vol.3, 176-235, Hogarth Press, London 羨望と感謝 松本善男訳 みすず書房 1975

北山修 2007: 劇的な精神分析入門 みすず書房

古賀靖彦 2008: セッションの中に進展してくるもの——Bion から学ぶ 精神分析研究 52 (2), 129-135, 2008

Langs, R. 1978: The Listening Process. New York. Jason Aronson

前田重治 1999:「芸」に学ぶ心理面接法 誠信書房
前田重治 2003: 芸論から見た心理面接 誠信書房
Mason, A. 2000: Bion and Binocular vision. Int.,J. Psycho-Anal., 983-989.
松木邦裕 1996: 対象関係論を学ぶ 岩崎学術出版社
松木邦裕 1997: 摂食障害の治療技法 金剛出版
松木邦裕 1998: 分析空間での出会い 人文書院
松木邦裕 2000: 精神病というこころ 新曜社
松木邦裕 2002: 分析臨床での発見 岩崎学術出版社
松木邦裕 2002.: 治療者のアルファ機能と解釈 分析臨床での発見 岩崎学術出版社
松木邦裕 2008: 摂食障害というこころ 新曜社
松木邦裕・鈴木智美編 2006: 摂食障害の精神分析的アプローチ——病理の理解と心理療法の実際 金剛出版
松木邦裕・賀来博光編 2007: 抑うつの精神分析的アプローチ——病理の理解と心理療法による援助の実際 金剛出版
松木邦裕・東中園聡編 2008: 精神病の精神分析的アプローチ——その実際と今日的意義 金剛出版
松木邦裕・福井敏編 2009: パーソナリティ障害の精神分析的アプローチ 近刊
Meltzer, D. et al. 1975 : Explorations in Autism. Clunie Press, Perthshire.
Meltzer, D. 1978: The Kleinian Development. Clunie Press, Perthshire
Money-Kyrle,R. 1968: Cognitive Development. The Collected Papers of Roger Money-Kyrle. Clunie Press. Perthshire 1978 認知の発達 古賀直子訳 松木邦裕編 対象関係論の基礎 新曜社 2003
椋田容世 2008: 妄想の中の抑うつに出会うこと 松木邦裕・東中園聡編 精神病の精神分析的アプローチ 金剛出版
中川慎一郎 2008 : O になることをめぐる対話 精神分析研究 52 (2), 142-144, 2008
中村元 1990: ウパニシャドの思想 中村元選集 9 春秋社
Ogden,T. 1994: Subjects of Analysis. Jason Aronson. New York「あいだ」の空間 和田秀樹訳 新評論 1996
Ogden,T 1997: Reverie and Interpretation. Jason Aronson, New York. もの想いと解釈 大矢泰士訳 岩崎学術出版社 2006
小此木啓吾（編）2002: 精神分析事典 岩崎学術出版社
Reisenberg-Malcom, R. (1999): On Bearing Unbearable States of Mind. Routledge. London
Reisenberg-Malcom, R. 2001: Bion's theory of containment
Bronstein, C. (Ed) : Kleinian Theory: A Contemporary Perspective. Whurr Publisher London ビオンの包容理論 ブロンスタイン編 福本修・平井正三監訳 現代クライン派入門 岩崎学術出版社 2005
Rosenfeld, H. 1965: Psychotic States——A Psychoanalytical Approach. Maresfield Reprints. 1982
Segal, H. 1981: Psychoanalysis and Freedom of Thought. In The Work of Hanna Segal., Aronson. New York 精神分析と思考の自由，松木邦裕訳 クライン派の臨床 岩崎学術出版社 1988
Segal, H. 1981: The Work of Hanna Segal. Aronson. New York.
松木邦裕訳 クライン派の臨床 岩崎学術出版社 1988
Segal, H. 1998: Introduction to Bion. In Yesterday, Today and Tomorrow. Routledge, Hove, 2007
祖父江典人 2003-07: Wilfred R.Bion 研究 I ～ IV 愛知県立大学文学部論集（社会福祉学科編）

祖父江典人 2008: ビオンへの助走 精神分析研究 52 (2), 114-120 2008
祖父江典人 2008: 対象関係論の実践 新曜社
Steiner, J. 1993: Psychic Retreat. Routledge. London こころの退避 衣笠隆幸監訳 岩崎学術出版社 1997
Strachey, J. 1934: The Nature and the Therapeutic Action of Psycho-Analysis. Int.J.Psycho-Anal,,15, 127-159 精神分析の治療作用の本質 山本優美訳 対象関係論の基礎 松木邦裕編訳 新曜社 2003
Symington, N. & J. 1996: The Clinical Thinking of Wilfred Bion. Routledge. London ビオン臨床入門 森茂起訳 金剛出版 2003
鈴木智美 2008: 熟成されていくもの 精神分析研究 52 (2), 145-148 2008
上村勝彦 1998: バガヴァッド・ギーターの世界——ヒンドゥー教の救済 日本放送出版協会
渡辺照宏 1974: 仏教 第二版 岩波新書
Winnicott, D. W. 1958: The Collected Papers: Through Paediatrics to Psycho-Analysis. Tavistock, London 小児医学から児童分析へ、児童分析から精神分析へ 北山修監訳 岩崎学術出版社. 1989 1990
Winnicott, D. W. 1965: The Maturational Processes and the Facilitating Environment. Hogarth Press. London 情緒発達の精神分析理論 牛島定信訳 岩崎学術出版社 1977

索　引

あ行

アートマン　*182*
愛情　v, *11, 42, 126*
愛情剥奪　iii, *206*
愛情欲動　*46, 47, 83*
悪意　*38, 39*
悪化　*12*
アクティング・イン　*62*
悪夢　*10*
味わえない感情　*129*
アダムとイブ　*83*
新しい思考（洞察という子ども）brain child　*86, 92*→脳の子ども
新しく改善された　*154*
アドラー Adler, A.　*81*
甘え　*98, 128*
過ち　*202*
誤った概念 misconception　*66, 73, 85, 142, 163, 207*
アルファ機能　*8, 29, 62, 64, 65, 70, 76, 112, 117, 122, 123, 126, 149*
　　──による変形　*127*
　　──の逆転 reversal of alpha-function　*14, 65*
　　──の失敗　*18, 45*
　　──の障害　*65*
　　──の損傷　*10*
　　──原基　*84*
　　──対象　*126*
　　──のとり入れ　*112*
　　母親の──　*65, 113*
　　反──　*65*
　　歪んだ distorted ──　*66*
アルファ要素　*8, 50, 53, 57, 59, 61, 62, 64, 65, 68, 70, 73, 83, 85, 112, 123, 127, 141, 149, 208*
阿頼耶識　*64*
安心 D　*197*
言いようのない恐怖 nameless dread　*14, 19, 102, 111, 117, 123, 149*
イオカステの自殺　*84*
怒り　*99*
依存対象　*24*
意識　*59*
　　──的思考　*64*
　　──的な想起　*170*
意識化　*76*
意味の剝ぎ取り　*149*

移行空間　*34*
移行的 trasitional　*34*
医学モデル　*161*
一次過程 primary process　*7, 42, 44, 97, 109, 111, 117, 132, 141*
　　──機能　*112*
一者心理学　*2*
一定の連接　*71, 148*
イマーゴ　*61*
今ここ　*172*
今ここでの体験　*171*
陰影 prenumbra　*10*
　　意味の──　*116, 118*
陰性→負
陰性治療反応　*115*
インド　*169*
インド哲学　*64*
ウィニコット Winnicott, D. W.　*3, 34, 109, 113, 119, 186*
ウィニコットの親子関係モデル　*107*
嘘　*37, 68, 71, 102, 165*
内なる対話としてのもの想い　*129*
うつ状態　*66, 110*
ウパニシャッド哲学　*182, 203*
恨み　*48, 128*
運動放出　*57*
永遠の楽園　*98*
英国精神分析協会　*200*
エディプス　*74*
　　──的三者関係　*132*
　　──的な前概念への攻撃　*84*
　　──の失明　*84*
　　──の父親殺し　*74*
　　──の不当行為　*84*
エディプス・コンプレックス　*81, 92, 141, 148, 162*
エディプス葛藤　*17, 106, 137*
エディプス期　*20, 158*
エディプス空想　*106*
エディプス三角　*82, 86*
エディプス神話　*83*
　　──の要素　*84*
エディプス体験　*85*
エデンの園　*83*
エナクトメント　*62*
絵文字　*71*
円（○）　*139*
オグデン Ogden, T.　*32, 134*
愚かさ　*47, 85, 104*
音節　*190*

か行

ガーランド Garland, C.　　*118*
カーン Khan, M.　　*202*
カウチ　　*163, 190*
解釈　　*13, 24, 33, 38, 48, 56, 62, 75, 77, 78, 90, 93, 101, 113, 135, 146, 155, 160, 163, 188*
　——の実例　　*190*
　——の種類　　*193*
　——のターゲット　　*192*
　——の定義　　*188*
　正しい——　　*196*
　敵意の——　　*192*
　早すぎる——　　*115*
　不適切な——　　*197*
快－苦痛原則（快−不快原則）　　*7, 44, 47, 97, 109, 111, 112, 132, 170*
外界の母親　　*107*
改善　　*199, 200*
解体−破滅　　*21, 58*
解体と再統合　　*26*
解体と破滅の恐怖　　*118*
解体感　　*46*
概念　　*6, 9, 57, 60, 61, 68, 72, 73, 85, 123, 142*
回避　　*57, 58*
解離　　*33, 48, 78*
科学的演繹体系　　*60, 68, 72*
科学的観念操作　　*70*
科学的なこころ　　*182*
科学的な手続き　　*176, 177, 178*
鏡の歪み　　*196*
隔離室治療　　*iii*
過去　　*54*
過呼吸症候群　　*183*
仮説　　*72, 74*
過大評価された考え　　*148, 161, 206*
カタストロフィ/破局　　*18*
形のない空虚　　*185*
形のない無限　　*176, 185*
過度な性的興奮　　*38*
哀しみ　　*94*
過敏性腸症候群　　*183*
神　　*143, 188*
上村勝彦　　*170*
考えられない考え　　*129*
考えること thinking　　*6, 44, 55, 57, 58, 59, 62, 70*
考えることと思考　　*56, 67*
考える人のいない考え　　*6, 68, 163*
感覚器官　　*143*
感覚受容器での逆転　　*54, 143*
感覚印象 sense impression　　*10, 60, 62〜65, 70, 71, 75, 113*
感覚的経験　　*170*
環境としての母親　　*3, 107, 113*
簡単なケース　　*1*
カント Kant, I.　　*ii, 51*
　——哲学　　*63, 164*
観念　　*45*
カンバーグ Kernberg, O. F.　　*169*
キーツ Keats, J　　*34, 159, 160*
記憶　　*45, 53, 59, 71, 170*
記憶なく　　*95, 170*
記憶なく，欲望なく，理解なく　　*168*
記号　　*72*
寄生的 parasitic　　*12, 27, 131, 133*
　——関係　　*166, 200*
　——三者関係　　*86*
基礎仮定グループ　　*27*
北山修　　*73*
奇怪な対象群 bizarre objects　　*10, 37, 49, 50, 52, 54, 65, 86, 194*
疑問形　　*77*
逆転移　　*14, 75, 96, 100, 121, 129, 173, 196*
　機能する——　　*121*
　正常な——　　*129*
　病的な——　　*129*
究極の真実　O　　*135*
究極の現実　　*143, 176, 185*
救済者願望　　*172*
急性精神病状態　　*42*
救世主　　*198, 202*
境界精神病　　*115*
境界パーソナリティ障害　　*99*
共生的 symbiotic　　*11, 27, 131*
　——関係　　*200*
競争　　*54, 143, 147*
共存 commensal　　*4, 11, 28, 131, 134*
　——の関係　　*86, 200*
狂気　　*42*
　——の健康人　　*43*
教祖　　*202*
凝塊　　*52*
　——化　　*194*
共同体　　*20*
強迫　　*66, 199*
強迫概念　　*6*
強迫行為　　*23*
強迫神経症　　*82*
恐怖　　*123, 143*
虚数　　*37*
去勢　　*82*

去勢不安　　17, 106, 137, 162
ギリシャ神話　　81
キリスト教神学　　203
近親姦　　84
禁欲　　95
苦痛の排除　　44
くつろいだ注意　　167, 168
具体行為　　46
具体思考　　85
具体物　　70
　　――への具体行為　　44
空間　　58, 59, 119, 120, 195
空気　　129
空想　　82
　　――対象　　108
空の概念　　ii
空の思考　　57
クライニアン　　118
　　――の観点　　160
　　――理論　　192
クライン　Klein, M.　　2, 3, 17, 18, 19, 21, 24, 25, 83, 85, 86, 92, 110, 117, 120, 121, 136, 162, 200, 203, 209
　　――のエディプス複合　　82
　　――の親子関係モデル　　107, 108, 113
クライン派　　3, 28, 169, 200
　　――の変形　　136
　　――精神分析　　113
　　――分析家　　120, 137
グリーン　Green, A.　　158
グリッド　　41, 60, 81〜85, 123, 124, 169, 182, 208
　　――縦軸　　68
　　――の臨床活用法　　78
　　――横軸　　74
訓練分析　　203
訓練分析家　　129
経験から学ぶ　　64, 105, 160
迎合　　100
ケイパー　Caper, R.　　65
ケース検討会　　174
ケースメント　Casement, P.　　100, 119, 146
劇的な精神分析　　73
結合両親像　　82, 85
幻覚　　15, 40, 45, 51, 58, 59, 65, 80, 85, 139, 142, 146, 178, 184
　　――された悪い対象　　114
　　――された悪い乳房　　114
幻覚症　　178
　　――における変形　transformations in hallucinosis　　53, 142, 146
健康なこころの発達　　59

原‐抵抗　　196
原光景　　82, 194
言語による交わり　verbal intercourse　　11, 86, 96
言語性思考　　48
言語的洞察　　62
原始思考（アルファ要素，ベータ要素）　　8, 50, 58
原始的理想化　　25
原思考　　56, 62
原初的乳房と原初のペニスの連結　　92
原初的皮膚機能　　21
現実化　　13, 18, 70, 71, 74, 83, 85, 86
現実原則　　44, 47, 96, 111
傲慢さ　　47, 84, 85, 104
行為　　62, 74, 76, 77
行為による想起　　77
好奇心　　16, 47, 85, 104, 157, 186
公共化　　71
公式　　72
口唇性　　82
構成　　189
構造　　98
構造論　　2
広大な無限　　18
硬直運動変形　　141, 142
硬直したモラル　　54→道徳
行動化（アクティング・イン，アクティング・アウト）　　62, 77
古賀靖彦　　209
国際精神分析学会　　200
こころの痛み　　18, 126, 207
こころの栄養失調　　47
こころの家具・備品　　14, 59
こころの空間　　18, 39, 40, 62
こころの具体化　　45
こころの健康　　159
こころの中のスーパーヴァイザー　internal supervisor　　146
答え　　158
個人分析　　203
孤独感　　101
誇大感　　54
誇張　hyperbole　　147
後‐抑うつ態勢　　28, 157, 184
孤立　　180
コロンブスの卵　　41
コンセプト　　9, 60, 68
コンセプト：一定の連接　　72
コンタクト・バリアー（接触障壁）　　53, 65
コンテイナー　　62, 129, 147, 199, 200
　　投影できるための――　　63

索引　221

コンテイナー／コンテインド　67, 86, 93, 113, 131
　——・モデル　55
　——と邦訳語　4
コンテイニング containing　2, 13, 14, 86, 113, 120
　——機能　114, 116
　——対象　21, 126
　——の概念　114
　——の失敗　115
　——＋アルファ機能　121
コンテインド　199, 200
コンテインド－投影同一化－コンテイナー　13
コンテインメント containment　2, 13, 65, 112, 123, 126
　——の失敗　14
　母親の——　113, 114

さ行

罪悪感　17, 25, 93, 165, 191
罪業妄想　43
詐欺師　75, 102
搾取関係　133
三角空間　87
三者関係　81, 83, 106, 130, 131, 137
サンスクリット思想　64, 169
シェークスピア Shakespeare, W.　160
視覚イメージ　63
視覚像の欠如　18
視覚要素　71
自我機能　52, 65
自我心理学　17, 169
時間　59, 195
時間と空間の測定　34
子宮　11, 30, 67
刺激　57, 142
自己－愛 self-love　121
自己愛（ナルシシズム）　24, 104, 120
自己愛構造体　24, 120
自己愛パーソナリティ障害　99, 102, 134
自己開示　24
自己分析　121
思考 thoughts　5, 6, 11, 40, 45, 55, 60, 78, 114, 139, 141
　——されない知 Unthought Known　164
　——とコンテイナー／コンテインド　5
　——と象徴　61
　——の具体化　50
　——のコミュニケーションでの活用法, 用途　74
　——の成熟とエディプス体験　85
　——の成熟水準とグリッド　66
　——の生成　65
　——の生成と成熟　68
　——の倒錯　39
　——の発達　41
　——の連結　53
　——の連接　59
　真の——　68
思考水準　25
自殺企図　23
思春期危機　20
事実　162
自傷　23
至上の愛　98
自他の分化　25
視点　29, 86, 110, 144
　——の変換　144
実数　37
死の恐怖　3, 14, 37, 47, 102, 115, 116
死の本能　36, 85
支配者　199
自発的な想起　171
自閉症　73
嗜癖　59, 102
自明性の喪失　63
シミントン Symington, N.　79
社会組織と破局　20
シャルコー Charcot, J-M　27, 162
守・破・離　204
宗教　182
　——的定式化　143
　——的パーソナリティ部分　42
宗教家　186, 203
終結　98
修正　57, 58, 118
修正感情体験　108
修復　46
自由に漂う注意　76, 123, 174
自由連想　76, 123, 162, 171, 196
自由連想法　13
集団　152, 199
　——と Ps, D　27
　——の心性　27
醜貌恐怖　43
消化　127
象徴　40, 46
　——イメージ　61, 71
　——機能　25, 53, 207
　——系列　61
　——思考　46

――の幾何学的表象　139
象徴性　71
象徴等価物（具体象徴）　61
情緒の撹乱　180
小片の弾丸化　46
初回セッション　171
ジョセフ Joseph, B.　22, 24
知らないこと　157, 174
　　――の暗闇　168
心気妄想　43
心身症　精神―身体病　43
信者　203
真実　37, 47, 59, 71, 75, 81, 84, 101, 104, 135, 159, 166, 176
　　――の多量服用　105
　　――の剥奪　81
神経症の中核葛藤　162
神託　74, 84
　　個人的な――　74
「死んでしまう」との恐怖　66
心的な死　22
心的メカニズム　48
心的外傷　10, 119
心的機制　162→心的メカニズム
心的空間　→こころの空間
　　――の作図　63
心的視覚像　113
心的装置　65
心的態度　95, 122
心的退避　24
心的平衡と心的変化　24
真の思考　68
神秘家 the mystic　186, 198, 203
　　――と集団　199
　　――もどき　201
　　創造的な――　198
神秘主義者　198
神秘的なニヒリスト　198
診断　75→見立てる・力動的見立て
身体‐精神病 somato-psychosis　43
進展 evolution　22, 24, 161, 188
人工的な盲目　174, 178
神話　71
　　私的な――　71, 83
スィーガル Segal, H.　22, 86, 119, 164
睡眠状態　175
数字　72
スーパーヴァイザー　75, 129, 165
スーパーヴィジョン　79, 133, 156, 165, 174
スキゾイド機制　162
スタイナー Steiner, J.　24, 161
ストレイチー Strachey, J.　24, 108

拗ね　98
スフィンクスの謎　84
スプリッティング　25, 46
　　受身的な――　48
　　積極的な――　48
スプリッティングと投影同一化　48
性愛感情　75
性愛性　158
誠意　176, 179
　　――からの行為 act of faith　178, 194
性格　140
性器性欲　83
性交 sexual intercourse　11, 46, 92
性的興奮　97
成長　4
性倒錯　15, 38, 59, 102
正気　42
正邪　54
精子　46, 67
精神‐性発達　82
精神的産婆　152
精神病　15, 31, 32, 37, 53, 65, 73, 99, 103, 177, 199
　　――の精神分析　42
精神病状態　23, 59, 80
精神病水準の変形　142
精神病性うつ病　43
精神病性の昏迷状態　104
精神病性転移　73
精神病的正気　43
精神病性の恐怖　19
精神分析　152
　　――的な観察の理論　135
　　――的視点　145
　　――での創造　92
　　――の性愛化　195
　　――の対象　135, 137, 182
　　――の要素　26, 96
精神分析家　152, 171
　　――のもの想い　124, 125, 129
　　――の訓練　175
　　――の孤独　154
精神分析過程　12, 23, 96, 108, 121, 134, 180, 188
精神分析関係での変形　135
精神分析行為　145
精神分析体験　22, 79, 99, 203
精神分析的心理療法　6
精神分析博物館　156
精神分析理論　17, 65, 173
誠実な信頼 faith――科学的なこころの状態　176

索 引 **223**

生の本能　47
性欲　51
性欲動　45, 85, 162
寂寥感　25
接触障壁→コンタクト・バリアー
摂食障害　iv, 43, 102, 166
絶対的空　179
絶対的事実　137, 184, 198
絶対的真実（真如）　182, 185
絶望　17, 39
0（ゼロ）　39
線（一）　139
前概念　ii, 6, 18, 68, 71, 73, 85, 113, 114, 142, 163, 184, 208
　　——水準　123, 169
　　——としての乳房　57
　　——の装置　83
先駆的知識　57
前思考　60
全生活史健忘　104
先入観・先入見（前概念）　59, 95, 169
潜在空間 potential space　34
羨望　15, 37, 39, 45, 84, 93, 99, 102, 143, 147, 149, 200
　　破壊的な——　47, 52
全体自己　25
全体対象　25, 26, 126, 162
選択された事実 Selected fact　27, 140, 147, 161, 164, 167, 194
全知　34, 104, 160
全知全能　58, 98
憎悪→憎しみ
ソーシャリズム（社会主義）　120
喪失　197
　　——の悲哀　160
喪失体験　41
双眼視（両眼視）binocular vision　145
創造　28, 157
　　——的な交わり　14
　　——のための交わり　92
創造性　11
早期エディプス・コンプレックス　83
早期エディプス状況　87, 107
躁的　104
遡及　72
ソクラテス Socrates　152
祖父江典人　40
存在することの失敗　142

た行

体験　59

——と思考　59
退行　23, 28, 72, 85
対象　128
　　——としての母親　3, 107, 113
　　——の頂点　147
　　——の不在　139
対象愛　121
対象関係　17, 42, 61
対象関係論　2
滞在する　123
第三の主体　184
第三の対象　132, 134, 184
第三の立場 third position　87, 203
胎児　67
　　——期のパーソナリティ　30
　　——期の不安　19
代数計算式 Algebraic Calculus　60, 68, 72
体制　200
第二の皮膚 second skin　21
代用の言語　195
高橋哲郎　5
多重人格／解離性同一性障害　33, 104
脱価値化　133
達成の言語　188, 194
多発性硬化症　27
だまし絵　38, 146
弾丸攻撃　51
断片化　46, 48
断片対象　52
　　現実の——　52
知覚器官　62
知覚装置　60
乳首　8, 120
膣　11
　　貪欲に貪り喰う——　37
地動説　75
知の問題　84
乳房　37, 82
　　——がない　59
　　——の視覚化　56
　　——の喪失　114
　　——の不在　39, 40, 57, 58, 59, 103, 139
　　——への欲求　111
　　敬意に満ちた——　103
　　ない——no breast　58, 103, 114, 139
　　よい——　58, 126, 157
　　悪い——　39, 40, 58, 126, 139, 157
治癒　161
注意　45, 74, 76, 123, 169, 172
中間休止 Caesura　30
中間休止と，PsとD　32
中断と連続　31

中立性　　95
抽象的象徴　　61, 72
超自我　　14, 15, 177
　　──痕跡　　52, 54
　　──モラル　　143
頂点 vertex　　144
　　──の変換　　145
直截　　182, 198→直感
直線（一）　　139
直面化　　77
直感　　118, 161, 182
　　分析的──　　168
治療者としての万能感　　172
つかのま　　89
筒井康隆　　47
定義的仮説　　74, 95, 114
抵抗　　100
定式　　72
ティレシアス　　84
デカルト Descartes, R.　　166
照らし返す鏡　　94
転移　　40, 75, 80, 89, 90, 96, 101, 106, 108
　　──の定義　　141
　　──の発生　　72
　　陰性──　　36
　　古典的な──　　103, 141
転移関係　　130, 141
転移空間　　40
転移現象　　72
転移性の夢思考・夢・神話　　73
転移神経症　　82
転移体験　　85
転換ヒステリー　　207
天才　　186, 198, 201, 202
・（点）　　39, 40, 139
点・線・空間　　18
問い　　34, 74, 77, 123, 165, 169, 204
投影同一化　　3, 12, 16, 25, 44, 50, 57, 59, 70, 82, 109, 115, 116, 117, 119, 120
　　──と対象　　49
　　──空想　　142
　　具体的な──　　iv, 45, 48, 110, 123
　　現実的──　　111
　　乳児の──　　128
投影の受け皿　　108
投影変形　　141
道具　　71
統合失調症　　42, 49, 51, 52, 54, 63, 85, 86, 92, 94, 103, 143, 163, 177, 190
倒錯　　12, 75, 93, 134
洞察　　94, 96, 97, 99, 132, 134, 161, 199
道徳　　15

　　──的な衝動　　54
独立分析家グループ　　3
とり入れ　　44, 48
トロッター Trotter, W.　　198
貪欲さ　　98, 143

な行

内在化　　70
　　──された母親　　118
内的な空間　　58
内的世界　　87
　　乳児の──　　107
内的対象　　15
内的破局　　24
内的抑うつ　　38
ないものの変形　　139
中川慎一郎　　161
名前のないひどい恐怖 nameless dread　　19, 37→言いようのない恐怖
ナルシシズム　　120→自己愛
憎しみ　　11, 99, 102, 119, 121
　　──の攻撃　　110
二次過程 secondary process　　44, 111, 141
　　──機能　　112, 117
二次元性転移　　73
二次元的存在　　94
二者関係　　3, 107, 134
二者の依存的つながり　　131
入院治療　　iii, 163, 166
乳児期の母子関係の再構成　　115
乳幼児　　19
乳幼児性欲　　141
尿や便の排泄　　58
妊娠　　94
忍耐 Ps　　197
涅槃原則　　36
脳の子ども brain child　　134→新しい思考
呑み込み/体内化 incorporation　　50

は行

パーソナリティ　　42, 199
　　──の精神病部分　　iv, 15, 32, 120, 145, 194
　　──の転覆　　23
パーソナリティ障害　　iii, iv, 15, 23, 59, 99, 102
排出　　iv, 6, 48, 57, 58, 59, 70, 117, 121, 142
排泄　　123, 147
破壊関係　　133
破壊 - 攻撃性　　37, 38

索引

破壊衝動　5
破壊性　119
破壊欲動　46, 47, 48, 52, 83
破局　ii, iv, 28, 48, 86, 204
　——状況　20
　——的変化　19, 22, 26, 28, 198, 200, 201
　——の恐怖　18
'破局'理論からの新展開　21
迫害対象　51
迫害的罪悪感　83
迫害不安　17, 21, 25, 83
剥奪の雰囲気　184
爆発的な投影　18
恥　158
パッション passion　184, 186
発達障害　73
母親との共生関係　132
母親のアルファ機能　65, 113
母親のコンテイニング機能と赤ん坊の体験　111
母親の不在　157
母親の没頭　186
母親のもの想い　122, 124, 127
破滅－解体の不安　17
破滅の怖れ→迫害不安→抑うつ不安　18
破滅恐怖　iv, 199
反社会性　iii
反社会性パーソナリティ障害　102, 134
ハンス症例　106
反転できる展望（反転可能な見方）reversible perspective　38, 54, 138, 143, 146
万能　160, 202
　——感　34, 42
　——空想　13, 44, 45, 58, 59, 94, 109, 117
美　22
　——的感性　189
悲哀　17, 38, 207
　——感　25, 48
ビオンのエディプス　83
ビオンの視点　204
ビオンの母子関係モデル　109
被害関係妄想　15
微細な小片　48
ヒステリー　33, 97, 104, 147
非精神病部分と精神病部分　42
ビック Bick, E.　21, 22
表意文字　5, 55, 60, 71, 85
表音文字　61, 72
表記　74, 76, 123, 169
表象　61
病理構造体　24, 120
開かれたこころ　123

ビンセント，ジーン　207
ヒンドゥー教　64, 170
負 negative　14, 36, 101, 105
　——の幻覚　40
　——の現実化　58
　——の現象　37
　——の現象の創造　36
　——のサイクル　14
　——の産物　114
　——の進展　40
　——の成長　41
　——の世界　36
　——の増殖　38
　——の対象　37
　——の頂点　149
　——の乳房　39
　——の能力 negative capability　34, 36, 157, 159, 195
不安　110
　——のコンテイナー　132
　——の排出　80
フェアバーン Fairbairn, R.　2
不可知のもの　176
複眼視　146→双眼視
副視床恐怖　19
復讐　45
複数の視点　145
不在の対象　40
不在の乳房と思考の出現　57
部分自己　25
部分精神病　43
部分対象　25, 82, 110, 162
仏教　64, 169
不変なもの（不変物）　24, 136
フラッシュバック　10
ブラックホール　14, 18, 19, 37, 149
プラトン　152, 193
ブラフマン　182
ブランショ，モーリス Blancho, M.　34, 158, 165
プリオン　50
ブリトン Britton, R.　28, 86, 134, 157, 161
ブレイン—チャイルド→脳の子ども
プレイ・アナリシス　108
フロイディアン理論　192
フロイト Freud, S.　17, 19, 20, 30, 36, 44, 76, 81, 83, 84, 85, 97, 121, 141, 174, 177, 178, 200, 203
　——のエディプス複合　82
　——の親子関係モデル　106
フロイト派の変形　136
憤慨　149

分析家の変形　138
分析家側の病理性の転移　121
分析の契約　98
分析家によるコンテインメント論　117
分析家のコンテインメント　116
分析関係　122, 132
　　——の文脈　173
分析技法　136
分析空間　16, 72, 75, 85, 97, 106
　　——とものの想い　129
分析場面　124
　　——での変形　139
分節化 articulation　193
分離　94, 113, 120, 197
分離-個体化の時期　20
分離不安　17
分裂排除　3, 116
閉鎖病棟　iii
ベータ幕（ベータ・スクリーン）　52
ベータ要素　8, 14, 50, 52, 57, 58, 60, 64, 65, 68, 70, 73, 76, 78, 85, 112, 127, 141, 149
　　——の排出　142
ペニス　11, 82, 190
変形　60, 135, 188
　　——の過程Tα　137
　　——の最終産物Tβ　137
　　——の種類　141
　　——の中での不変物　23
変容惹起解釈 mutative interpretation　62
弁証法的止揚　32
ポアンカレ，アンリ Poincaré, H.　162
飽和　70, 71
ホールディング　3, 113
母子関係　137
母子交流　9
保証　24
補助超自我　2, 108
ボラス Bollas, C.　164

ま行

マーラー Mahler, M. S.　17, 20
マイナスH／-H　105, 140
マイナスK／-K　37, 101, 134, 138, 140, 146
　　——「空間」　103
　　——の乳房　102
マイナスL／-L　105, 134, 140
前田重治　76, 174
交わり　94
松尾芭蕉　204
真っ白に近いこころ　168

学ばない能力　15
マハーバーラタ　64
幻の閃き　161
慢性的殺人　133
見えないものの幻視　49, 53
見立てる　148→診断
未飽和　173
　　——な考え　6, 163, 167
未来　54, 171
無意識　59
　　——の希望　119
　　——の空想　iv, 3, 13, 42, 65, 107
　　——の警告　101
　　——のスーパーヴィジョン　100
　　——の批判　100
無意味な宇宙　121
無限（O）　143
無限大　58
無限大空間　19
無私　175
無時間性　22
夢想→ものの想い
無知　110
無―乳房→ない乳房
無注意の注意　76
無統合　18
　　——状態　21
無-内部・外部　139
無能感　158
無の境地　169, 182, 186
無-ペニス　139
無力　202
無力感　158
椋田容世　86
明確化　77
メイソン Mason, A.　209
メタサイコロジィ　44
メルツァー Meltzer, D.　21, 22
妄想　45, 47, 65, 194
妄想-分裂心性　28
妄想-分裂態勢 Paranoid-Schizoid Position　15, 20, 21, 25, 83, 162, 184
妄想-分裂世界　10, 15
妄想形成　103
妄想性不安　23
妄想的対象　15
文字系列　61
もちこたえること　26, 36, 58, 112, 140
モニーカイル Money-Kyre, R.　66
物語　80, 82
物語形式　71
物語構成　81

物語性　71
喪の過程の悲哀　94
喪の悲哀　41
　――の仕事　160
もの想い reverie　7, 8, 13, 65, 76, 122, 149, 172, 173, 186
　――するこころ　77
　――と解釈　126
　――の空間　123
　――の失敗　128
もの想う対象　126
もの想う母親　v
もの自体　51, 52, 55, 57, 58, 60, 70, 142, 152, 185, 198

や行

夜驚症　85
優雅なる無関心　104
唯識論　64
優劣　14, 54, 55, 143
夢　53, 79, 80, 101
夢思考　53, 64
夢思考・夢・神話　61, 68, 71, 81, 208
夢思考・夢・神話水準　85, 123, 141, 169
ユング Jung, C.　81
ユング心理学　177
よい対象　18, 112
よい母親　157
陽性転移　36
抑うつ　32, 99, 101, 139, 167, 196
　――的な世界　10, 15
　――的罪悪感　83
抑うつ態勢 Depressive Position　15, 20, 22, 25, 83, 137, 162
抑うつ不安　17, 18, 25, 137, 158, 162
欲動論からみた精神病部分　47
欲望　53, 57, 161
欲望なく　95, 171
予兆　184
欲求不満　34, 40, 47, 58, 59, 82
　――に耐えられない赤ん坊　114

ら行

ライオス　74
ライヒ Reich, W.　97, 202
ラットマン　82
ランク Rank, O.　19, 81
卵子　11, 46, 67
リーゼンバーグ―マルコム Reisenberg-Malcom, R.　118, 160

利益　4
　――という視点　131
理解なく　173
力動的見立て　75
理想化　99
離乳　82, 114
リビドー　82
両親カップル　86, 92
理論　160
リンキング　86
リンク　140
臨床セミナー　79
ルビンの盃　38, 54, 140, 146
恋愛感情　97
恋愛関係　77
恋愛転移　97
連結　18, 27, 31, 47, 48
　――への攻撃　46
連接　4, 57
連続と断絶の同時進行　35
ロゼンフェルド Rosenfeld, H.　86

わ行

ワーキング・グループ　27
若い女性と老婆の顔（老婆と娘）　38, 146
わがまま　128
悪い対象　17, 40, 57, 199
　――の消滅　112
悪い母親　109

DSM　33
D　26, 140
D心性の集団　28
H (hate)　96, 99, 101, 140, 147, 186
K (knowing)　95, 96, 98, 140, 143, 147, 157, 177, 182, 186, 196
K「空間」　103
Kリンク　26, 95, 132, 134, 184
K→O　143
Kにおける変形　143
L (loving)　96, 97, 101, 140, 147, 186
Lリンク　132
O　137, 145, 178, 185, 196
Oにおける変形　143, 186
O（絶対的事実, もの自体, 究極の真実）になること　26, 95, 136, 143, 150, 182, 198
Oへと進展するこころ　177
Oを進展させること　26
Ps　ii, 26, 140
Ps↔D　25
Ps心性の集団　28

T　137
no K (not knowing/ignorance)　104, 140, 159
─（♀♂）　15

─♀と─♂　14
♀/♂（コンテイナー/コンテインド）　10, 26, 140
φ（プサイ, プシー）　74, 75, 146

あとがき

　奇妙なことを述べるようですが，精神分析を唯一無二の独自な実践学問分野として確立したのは，フロイトではなく，ビオンではないかと私は思うようになりました。
　フロイトは精神分析を創造し確立しました。しかしそれは医学の領域内で始まり，その独自性の確保のために，既成の哲学や宗教，ときには医学や心理学とも対立を鮮明にしなければなりませんでした。その精神の後継者メラニー・クラインはフロイトの精神分析という方法をさらに徹底させ，前人未到の深みに到達しましたが，専門領域としての精神分析の在り方には何も加えることはしませんでした。むしろそうであることが彼女の真骨頂と言えるでしょう。
　もちろん，こうした先達の積み重ねがあったからですが，ビオンは精神分析という母体を何ら揺るがすことなく，またフロイト，クラインの精神分析理論にとどまることなく，医学，数学，哲学，宗教，神話，芸術論等あらゆるものを，それらの分野と対峙することなく，精神分析での体験の解明にふんだんかつ自由に活用しました。その結果彼こそが，精神分析と精神分析家を無二の確固たる存在として私たちに示してくれたように思います。精神分析という無二の実体験があるのですから，精神分析は精神分析なのです。
　ビオン（1965）によれば，精神分析は，精神分析家によってではもちろんなく，患者が自分のものの見方に応じて患者の人生を運営するようにすることを目的とし，ゆえに患者自身のものの見方が何かを知ることができるようになることを目的としています。この目的は，分析家が真実への深遠な愛情から科学的作業を営み，真実を患者に供給することで為されます。なぜなら，健康なこころの成長は，生体の成長は食物に依存しているよう

に，真実に依存していると思えるからです。もしも真実が欠けたり不足したりすると，パーソナリティは荒廃するのです。私は思います。これが，精神分析なのです。

*

　執筆途中まで本書の仮の表題を，私流の精神分析入門書『対象関係論を学ぶ』の続編と位置づけることができるとの考えから，その「立志編」としていました。『対象関係論を学ぶ』を読んで，もっとこの考え方を学んでみようとの志を抱かれた方に読んでいただこうという意図からです。結果的にそれは，副題に収まりました。
　実際のところ『対象関係論を学ぶ』の続編的性質をもつ精神病編はすでに『精神病というこころ』，摂食障害編も『摂食障害というこころ』（ともに新曜社）として出版されています。またビオンの考えに基づいた抑うつ，精神病，パーソナリティ障害の理解は私が編著した精神分析臨床シリーズに視点／総説として著しました。しかし本書はそうした臨床編とはいささか異なり，この期間の私自身の精神分析そのものについての進展を含むという意味でも個人的な意義を持っています。ここでの私の試みがもし成功しているのなら，私はビオンを通した新しい精神分析を提示できているのではないかと思います。

*

　ビオンにかかわる著作を著す人たちは，ビオンに学んだものをビオンのように著したいという強い衝迫に少なからず襲われるようです。それは，ビオンとの出会いや著作が私たちの中に強力な情緒を引き起こすからだと思えます。これは何なのでしょうか。おそらくひとつには，創造というものの意義をビオンから学んだゆえなのでしょう。そしてビオンによって撹乱された私たちのこころから，ビオンと同様に，創造的な何かを産み出したいと切望し始めるからなのでしょう。
　しかしながら創造とは，実際とても難しい作業です。ただ，精神分析家になるということは，絶えず自分自身を創造し進展させようとすることでしょうから，やはりそれは試みられなければなりません。それが成功裡に

展開しようと，ときとして陳腐な模倣に過ぎないとしても。

　ビオンは難しいとよく言われます。でもおそらく，わかったり，わからなかったりしていてよいのです。そこから自己流が生まれてきます。

　かつてベティ・ジョセフと話したとき，彼女は「ビオンが理論として示したものを，技法として探求することに私は努めてきた」と，私に語ってくれました。そしてご存知のように，ジョセフの技法論は彼女独自の創造です。同様に本書は，ビオンが提供している概念モデルに基づく私の自由連想によって構成されているということもできるでしょう。そのビオンに学ぶために，本書では重複して語られていくところが少なくありません。これもまた精神分析臨床では日常のことです。

　ビオンから私たちが学べる精神分析について書きたいという気持ちは，私のなかに10年以上前からありました。しかしそれを為す力が私に備わっておらず，そのため今日までの歳月が必要でした。この間の私なりの精神分析や心理療法の実践を踏まえて，私自身が理解できたと思えたことをここに著しました。しかし，それはビオンが提示していることの3割にも及ばなければ，その浅瀬を散策しているに過ぎません。顧みるとき，今も忸怩たる思いがぬぐえません。数年をかけてほんとうに書きたいものを書いてきましたが，その成果があまりに微々たるものであることに哀しみを感じます。

　私が伝えたかったことは，ビオンが著しているものは「どんなに哲学的にもしくは神秘的にみえても，徹頭徹尾精神分析的であること」（藤山2008）ですし，すなわち私たちの精神分析や精神分析的心理療法場面にいかに実践的なものかというところです。

＊

　本書の完成の背景にはさまざまな方たちの協力がありました。月曜分析セミナーに参加いただいた方に感謝いたします。ビオンの論文の検討やビオンにかかわる討論に根気強くかかわってくれ，新鮮な考えをたくさん提出してくれました。またスーパーバイジー諸氏や九大精神科精神分析セミナー，そして各地のセミナーや研究会で講義の機会を与えてくれ討議に加わってくれた諸氏にも感謝します。私の拙い考えと分析臨床の接点を何度

も検討することができました。それらの機会に提示された素材も臨床ヴィネットに使わせてもらいました。

　本書に不可欠な『経験から学ぶ』，『精神分析の要素』，『変形』，『注意と解釈』，『再考』を翻訳された福本修・平井正三の両氏，中川慎一郎氏に感謝します。この5冊を精読することを抜きに，ビオン理解はありえませんでした。

　本書の完成を心待ちしていただいた岩崎学術出版社編集部の唐沢礼子さんに感謝します。この日までずいぶん気をもまれたのであろうと申し訳なく思います。首を長くされすぎて，今ではろくろ首になられているかもしれません。私にできるだけのものが備わるまで，もちこたえて待っていただくしかありませんでした。

　最後に本書の草稿に有意義なコメントをくれた兵動和郎院長，渡邉真里子先生に感謝します。また，日頃かかわりを得ている多くの方に私は負っています。皆さん，ありがとうございました。最後になりますが，前田重治先生の傘寿をこころからお祝いいたします。

2008年12月

　　　　　　　　　　　　　　　　　　　　　　　　松木　邦裕

	定義的仮説 Definitory Hypotheses 1	φ psi 2	表記 Notation 3	注意 Attention 4	問い Inquiry 5	行為 Actio 6	….n
A β要素 Beta-elements	A1	A2				A6	
B α要素 Alpha-elements	B1	B2	B3	B4	B5	B6	…Bn
C 夢思考・ 夢・神話 Dream Thoughts Dreams, Myths	C1	C2	C3	C4	C5	C6	…Cn
D 前概念 Pre-conception	D1	D2	D3	D4	D5	D6	….Dn
E 概念 Conception	E1	E2	E3	E4	E5	E6	….En
F コンセプト Concept	F1	F2	F3	F4	F5	F6	….Fn
G 科学的演繹体系 Scientific Deductive System		G2					
H 代数計算式 Algebraic Calculus							

著者略歴

松木邦裕（まつき　くにひろ）

1950年　佐賀市に生まれる
1975年　熊本大学医学部卒業
1975年　九州大学心療内科勤務
1978年　福岡大学医学部精神科勤務
1985～87年　タヴィストック・クリニックに留学
1987～99年　医療法人恵愛会福間病院勤務
2009年　京都大学大学院教育学研究科教授
現　在　精神分析個人開業，京都大学名誉教授，日本精神分析協会正会員
訳　書　ケースメント「患者から学ぶ」（訳）・「あやまちから学ぶ」（監訳），ミルトン他「精神分析入門講座」（監訳）（以上岩崎学術出版社），ストレイチー他「対象関係論の基礎」（訳）（新曜社），ビオン「ビオンの臨床セミナー」（共訳）・「再考：精神病の精神分析論」（監訳）（金剛出版）その他
著　書　「対象関係論を学ぶ」・「分析臨床での発見」（岩崎学術出版社）「精神病というこころ」・「摂食障害というこころ」（新曜社），「私説　対象関係論的心理療法入門」（金剛出版）「分析空間での出会い」（人文書院），精神分析臨床シリーズ（「摂食障害」，「抑うつ」，「精神病」）（編著）（金剛出版）その他多数

精神分析体験：ビオンの宇宙
ISBN978-4-7533-0902-3

著者
松木　邦裕

第1刷　2009年4月7日
第5刷　2024年11月2日

印刷　㈱新協／製本　㈱若林製本工場
発行所　㈱岩崎学術出版社　〒101-0062　東京都千代田区神田駿河台3-6-1
発行者　杉田　啓三
電話　03-5577-6817　FAX　03-5577-6837
2009©　岩崎学術出版社
乱丁・落丁本はおとりかえいたします。検印省略

転移覚書——こころの未飽和と精神分析
松木邦裕著
精神分析という最も堅固な枠組みの中に現れる転移の実体

体系講義 対象関係論（上）——クラインの革新とビオンの継承的深化
松木邦裕著
フロイト，アブラハムの業績から対象関係論の本体としてのクラインを詳説

体系講義 対象関係論（下）——現代クライン派・独立学派とビオンの飛翔
松木邦裕著
現代クライン派精神分析の解説に加え独立学派を展望

対象関係論を学ぶ——クライン派精神分析入門
松木邦裕著
徹底して臨床的に自己と対象が住む内的世界を解く

耳の傾け方——こころの臨床家を目指す人たちへ
松木邦裕著
支持的な聴き方から精神分析的リスニングへ

精神病状態——精神分析的アプローチ
H・ローゼンフェルド著　松木邦裕／小波藏かおる監訳
クライン派第二世代三傑の一人による卓越した著書の待望の邦訳

道のりから学ぶ——精神分析と精神療法についてのさらなる思索
P・ケースメント著　上田勝久／大森智恵訳　松木邦裕翻訳協力
ケースメントの「学ぶ」シリーズ第5弾

患者から学ぶ——ウィニコットとビオンの臨床応用
P・ケースメント著　松木邦裕訳
治療者・患者関係を再構築した新しい治療技法論

米国クライン派の臨床——自分自身のこころ
R・ケイパー著　松木邦裕監訳
明晰かつ率直な形式で書かれた精神分析についての卓越した分析